Geburtstagskuchen für Kids

Geburtstagskuchen für Kids

Annie Rigg
Fotografien von Sandra Lane

MOEWIG

Für meine Kinder Alec,
Izzie, Albie und Tom Tom

Moewig ist ein Imprint der Edel Germany GmbH

www.moewig.de | www.edel.de

Erstveröffentlichung 2009 unter dem Titel
„Birthday Cakes for Kids" durch
Ryland Peters & Small
20-21 Jockey's Fields
London WC1R 4BW
England

Übersetzung: Susanne Schmidt-Wussow
Redaktion und Satz der deutschen Ausgabe:
Gisela Witt für bookwise GmbH, München
Covergestaltung: Groothuis, Lohfert, Consorten,
Hamburg | www.glcons.de
Umschlagabbildungen: Sandra Lane

Printed in China

ISBN 978-3-86803-423-3

- Alle Löffelmaße sind gestrichen, wenn nicht anders angegeben.
- Ofen auf die angegebene Temperatur vorheizen. Die Rezepte in diesem Buch wurden probeweise in einem Elektroofen gebacken; bei Verwendung eines Umluftherds die Temperaturen entsprechend den Herstellerangaben anpassen.
- Eier der Größe L verwenden, wenn nicht anders angegeben.
- Besondere Zutaten wie etwa Lemon Curd sind in Feinkostgeschäften oder gut sortierten, großen Supermärkten erhältlich. Man kann sie auch über Onlineshops beziehen.
- Cupcakes – Muffins: Gebacken werden die kleinen amerikanischen Kuchen in Muffinblechen bzw. Mini-Muffinblechen. Die luftigen Cupcakes werden aus Rührteig hergestellt und unterscheiden sich von Muffins vor allem durch ihre aufwendige Dekoration: Während Muffins oft nur mit Puderzucker bestäubt werden, bekommen Cupcakes eine süße Haube oder einen Überzug aus Creme (vorwiegend Buttercreme) und werden meist mit diversen Süßigkeiten verziert.

Inhalt

Der Star jeder Party

Im Mittelpunkt jedes Kindergeburtstags steht der Festtagskuchen. Die meisten erinnern sich an ihren Lieblings-Geburtstagskuchen aus Kindertagen und an das alljährliche Auswählen, das immer wieder spannend ist. Ob es stets dasselbe Rezept ist oder jedes Jahr etwas Neues – ein selbst gebackener Kuchen macht den Kindern Freude und verschafft dem Bäcker die Befriedigung über ein gelungenes Werk.

Zum Glück finden sich unter meinen Patenkindern eifrige „Versuchskaninchen", die mir viele Inspirationen für dieses Buch lieferten. Ich liebe das Backen, seit ich ein kleines Mädchen bin und hoffe, dass auch Sie bald entdecken, wie viel Spaß das Konstruieren, Schichten, Glasieren und Verzieren macht. Die Ergebnisse sind alle Mühen wert. Und wer weiß, vielleicht präsentieren Sie ja bald Ihre eigenen fantasievollen Kreationen.

In diesem Buch gibt es Rezepte für Anfänger und Fortgeschrittene. Auf den Seiten 10 und 16 bis 19 finden Sie außerdem Grundlegendes für gutes Gelingen.

Die meisten Kuchen in diesem Buch lassen sich im Voraus backen und halten sich unglasiert bis zu zwei Tage in Klarsichtfolie gewickelt oder können eingefroren und am Tag vor dem Fest aufgetaut werden. Auch Cupcakes lassen sich gut einfrieren (ohne Glasur) und nach dem Auftauen rasch verzieren. Fangen Sie am besten mit Cupcakes an, wenn Sie sich Ihrer Backkünste noch nicht ganz sicher sind.

Wenn Sie sich nicht an das Zusammensetzen heranwagen, wählen Sie einen Kuchen, den man anhand einer Schablone ausschneidet und nicht abmisst und schichtet. Die meisten Kuchen in diesem Buch sind auch für Ungeübte leicht nachzumachen – planen Sie nur ausreichend Zeit zum Glasieren und Verzieren ein. Kleine Makel lassen sich ganz problemlos unter einer dicken Schicht aus Zuckerglasur, Gummibärchen und Zuckerdekoration verstecken.

Welchen Kuchen Sie auch für den Geburtstag Ihres Kindes auswählen, ganz sicher wird Ihre selbst gebackene Kreation mit einem strahlenden Lächeln in Empfang genommen. Sollten Sie sich zunächst noch nicht an das Zusammensetzen, Schichten und Dekorieren herantrauen, gibt es immer noch den allseits beliebten Klassiker, der besonders einfach zu backen ist und immer gelingt: den Schokoladenkuchen. Und schließlich: Kerzen nicht vergessen!

Grundlagen

Vanille-Rührkuchen

Dieses Grundrezept für Vanille-Rührkuchen lässt sich unterschiedlich aromatisieren (siehe Rezept). Es dient als Grundlage für viele Rezepte in diesem Buch, weil es sich gut für zusammengesetzte Kuchen eignet und den meisten Kindern schmeckt. Ich habe vier verschiedene Mengen für die unterschiedlichen Kuchen angegeben, die Zubereitung bleibt immer gleich. Die besten Ergebnisse erzielen Sie mit einer Küchenmaschine, die Rezepte gelingen aber auch mit einem Handrührgerät.

Achten Sie darauf, dass alle Zutaten Zimmertemperatur haben, der Ofen mit dem Backblech in der richtigen Position vorgeheizt ist und die Kuchenformen vorbereitet sind.

Die angegebenen Temperaturen beziehen sich auf einen Elektrobackofen; wenn Sie einen Umluftherd benutzen, passen Sie die Temperatur einfach gemäß den Herstellerangaben an.

EXTRAGROSS
350 g Butter
350 g Zucker
6 Eier
3 Tropfen Vanillearoma
350 g Mehl
5 TL Backpulver
4–5 EL Milch

GROSS
250 g Butter
250 g Zucker
4 Eier
2 Tropfen Vanillearoma
250 g Mehl
4 TL Backpulver
3–4 EL Milch

MITTEL
175 g Butter
175 g Zucker
3 Eier
2 Tropfen Vanillearoma
175 g Mehl
3 TL Backpulver
3 EL Milch

KLEIN
125 g Butter
125 g Zucker
2 Eier
1 Tropfen Vanillearoma
125 g Mehl
2 TL Backpulver
2 EL Milch

Den Ofen auf 180 °C (Gas: Stufe 3) vorheizen.

Butter und Zucker in einer Küchenmaschine oder mit einem Handrührgerät in 2–3 Minuten zu einer hellen, luftigen Masse aufschlagen. Eier nach und nach zufügen, gründlich verrühren und die Teigreste zwischendurch mit einem Gummischaber von der Schüsselwand lösen. Das Vanillearoma unterrühren.

Mehl und Backpulver sieben, in zwei Portionen zum Teig geben und verrühren. Milch zufügen und sorgfältig unterrühren.

Den Teig entsprechend dem gewählten Kuchenrezept weiterverarbeiten.

ALTERNATIVE GESCHMACKSRICHTUNGEN
Schokoladen-Rührkuchen: Jeweils die entsprechende Menge Mehl durch 4 Esslöffel (Rezept „extragroß"), 3 Esslöffel (Rezept „groß"), 2 Esslöffel (Rezept „mittel") oder 1 Esslöffel (Rezept „klein") Kakaopulver ersetzen.

Zitronen- oder Orangen-Rührkuchen: Vanillearoma durch die abgeriebene Schale einer Bio-Zitrone oder -Orange ersetzen.

Lebkuchen halten sich ohne Glasur etwa drei Tage in einem luftdichten Behältnis. Glasiert schmecken sie frisch am besten.

Lebkuchen

175 g Mehl
¼ TL Natron
1 Prise Salz
1 TL gemahlener Ingwer
1 TL Zimt
1 Msp. gemahlenes Piment
75 g Butter, gekühlt und gewürfelt
75 g Zucker
2 EL Zuckerrübensirup
1 Eigelb

mehrere Backbleche, mit Backpapier ausgelegt

ERGIBT ETWA 10–12 STÜCK

Mehl in eine Rührschüssel sieben, Natron, Salz, Ingwer, Zimt und Piment zugeben.

Butter dazugeben, mit den trockenen Zutaten verreiben (oder in der Küchenmaschine verarbeiten), bis die Mischung aussieht wie Paniermehl. Zucker zufügen.

Zuckerrübensirup und Eigelb zugeben und alles rasch zu einem glatten Teig verkneten.

Teig flach klopfen, mit Klarsichtfolie abdecken und 30 Minuten kühl stellen.

Den Ofen auf 180 °C (Gas: Stufe 3) vorheizen.

Den Teig auf einer leicht bemehlten Arbeitsfläche 4 mm dick ausrollen. Lebkuchen mit beliebigen Förmchen ausstechen und auf die vorbereiteten Backbleche verteilen. Die Teigreste erneut ausrollen und ausstechen.

Lebkuchen auf mittlerer Schiene 10–12 Minuten backen, bis sie fest sind und an den Rändern leicht braun werden. Lebkuchen auf den Backblechen etwas abkühlen lassen, dann auf einen Gitterrost legen.

Diese Kekse können mehrere Tage in einem luftdichten Behältnis aufbewahrt werden. Glasiert sollten sie schnell verzehrt werden.

Butterkekse

225 g Butter
275 g Zucker
1 Ei
1 Tropfen Vanillearoma
1 Prise Salz
325 g Mehl

mehrere Backbleche, mit Backpapier ausgelegt

ERGIBT ETWA 10–12 STÜCK

Butter und Zucker in einer Küchenmaschine oder mit dem Handrührgerät in 2–3 Minuten zu einer hellen, luftigen Masse aufschlagen. Ei, Vanillearoma und Salz unterrühren.

Mehl portionsweise zufügen und unterrühren. Den Teig flach drücken, mit Klarsichtfolie abdecken und vor dem Verarbeiten einige Stunden kühl stellen.

Teig auf einer leicht bemehlten Arbeitsfläche 4 mm dick ausrollen. Kekse mit beliebigen Förmchen ausstechen und auf die vorbereiteten Backbleche verteilen. Die Reste erneut ausrollen und ausstechen. Bleche mit Keksen noch einmal 15 Minuten kühl stellen.

Den Ofen auf 180 °C (Gas: Stufe 3) vorheizen.

Auf mittlerer Schiene 10–12 Minuten backen, bis die Kekse hellbraun sind und sich fest anfühlen. Auf den Backblechen leicht abkühlen lassen, dann auf einen Gitterrost legen.

Buttercreme lässt sich hervorragend spritzen und auf Kuchen jeder Form verteilen, und die leckere Schokoladencreme will man am liebsten direkt aus der Schüssel naschen! Für die Eiweißglasur sollte der Kuchen eine Stunde vor dem Glasieren eingefroren werden. So ist die Oberfläche fester, und die weiße Glasur wird nicht durch Krümel beeinträchtigt. Die Glasur muss rasch auf dem Kuchen verteilt werden, am besten mit einem in heißes Wasser getauchten Palettenmesser. Zuckerguss eignet sich ideal für Lebkuchen oder Butterkekse. Zum Anrühren verwende ich Eiweiß; nicht ganz so fest wird die Glasur, wenn man sie nur mit kaltem Wasser zubereitet.

Buttercreme

350 g Butter
700 g Puderzucker, gesiebt
Vanillearoma (nach Belieben)

Butter in einer Küchenmaschine oder mit dem Handrührgerät in einer großen Schüssel weich rühren. Den Puderzucker portionsweise unterrühren, bis die Mischung hell und glatt ist. Nach Belieben 1 Tropfen Vanillearoma zufügen.

Schokoladencreme

350 g Zartbitterschokolade, grob gehackt
225 g Butter
225 ml Milch
2 Tropfen Vanillearoma
450 g Puderzucker, gesiebt

Schokolade und Butter in einer ofenfesten Schüssel über einem Topf mit leicht siedendem Wasser schmelzen (der Schüsselboden darf das Wasser nicht berühren). Masse glatt rühren und kühl stellen.

In einer anderen Schüssel Milch, Vanillearoma und Puderzucker verrühren. Abgekühlte Schokoladenmasse zufügen und zu einer glatten Masse verrühren. Die Glasur vor der Verwendung leicht eindicken lassen.

Eiweißglasur

250 g Zucker
4 Eiweiß
1 Prise Salz

Eine mittelgroße ofenfeste Schüssel auf einen Topf mit leicht siedendem Wasser setzen (der Schüsselboden darf das Wasser nicht berühren). Zucker, Eiweiß, Salz und 2 Esslöffel kaltes Wasser in die Schüssel geben und mit einem Handrührgerät auf mittlerer Stufe verrühren, bis der Zucker sich vollständig gelöst hat. Weiterrühren, bis die Glasur weiß und cremig aussieht. Dann auf höchster Stufe 1 Minute weiterrühren, bis die Glasur glänzt und fester wird.

Schüssel vom Herd nehmen und 1 Minute weiterrühren, bis die Masse etwas abgekühlt ist. Die Eiweißglasur zügig mit einem in heißes Wasser getauchten Palettenmesser auf dem Kuchen verteilen.

Zuckerguss

1 Eiweiß
1 EL Zitronensaft
250–300 g Puderzucker, gesiebt

Das Eiweiß mit dem Zitronensaft in einer mittelgroßen Schüssel verrühren. Puderzucker portionsweise unterrühren, bis die Glasur glatt ist und am Löffelrücken hängen bleibt. Für eine spätere Verwendung Zuckerguss mit Klarsichtfolie abdecken.

Verzierungen

ROYAL ICING (EIWEISSGLASUR)
Royal Icing ist eine Eiweißglasur, die sich ideal zum Modellieren und Ausschneiden dekorativer Formen eignet. Sie wird ausrollfertig verkauft – befolgen Sie die Herstellerangaben. Man bekommt die Glasur nicht im Supermarkt, sondern nur über den Fachhandel. Bestelladressen finden Sie im Internet.

FONDANT (ZUCKERGLASUR)
Auch Fondant wird in Blöcken verkauft. Es wird auf einer leicht mit Puderzucker bestäubten Arbeitsfläche ausgerollt. Die Glasur lässt sich mit Lebensmittelfarben aus der Tube einfärben. Nach dem Glasieren sollte man den Kuchen mit Folie abdecken und mindestens 4 Stunden trocknen lassen.

AUSGEROLLTE GLASUR
Royal Icing und Fondantglasur können über Onlineshops bestellt werden. Es gibt sie auch fertig ausgerollt, meist als Scheibe, mit der man runde Kuchen beziehen kann. Damit die Glasur besser haftet, sollte der Kuchen zuerst mit einer dünnen Schicht Buttercreme oder Marzipan überzogen werden.

ZUCKERSCHRIFT

Gebrauchsfertige Zuckerschrift in der Tube findet man in der Backabteilung vieler Supermärkte. Es gibt sie meist in Rot, Grün, Braun und Gelb. Man kann damit Buchstaben und Zahlen auf Kuchen schreiben sowie Konturen ziehen. Auch Kinder können gut damit arbeiten! Inzwischen werden auch transparente und glitzernde Zuckerschriften angeboten.

SPRITZBEUTEL

Auch wenn Sie nicht glasieren wie ein Konditor, gelingen Ihnen mit einem Spritzbeutel und verschiedenen Tüllen einfache, aber wirkungsvolle Dekorationen. Aus Buttercreme lassen sich beispielsweise mit einer Sterntülle mühelos Rosetten, Blumen oder andere Formen auf Kuchen spritzen.

FÄRBEN MIT LEBENSMITTELFARBEN

Lebensmittelfarben gibt es als Pulver oder als flüssige Paste. Sie sind in vielen Tönen erhältlich und eignen sich gut für das Einfärben von Fertigglasuren, Fondantglasuren und Buttercreme. Man findet sie im Supermarkt bei den Backzutaten, sie sind aber auch in Onlineshops erhältlich. Schon sehr geringe Mengen verleihen der Glasur eine schöne Farbe, ohne sie zu verwässern. Geben Sie portionsweise nur wenig Paste oder Pulver mithilfe eines Cocktailstäbchens oder Holzspießes hinzu und verrühren oder kneten Sie alles gründlich, bis die gewünschte Farbe erreicht ist.

ZUCKERDEKORATIONEN UND SÜSSIGKEITEN

In der Backabteilung der meisten Supermärkte finden Sie eine große Auswahl an essbaren Zuckerdekorationen, von Zuckerstreuseln bis zu Silberkugeln sowie Saisondekorationen wie etwa für Halloween und Weihnachten. Vor allem Onlineshops bieten eine große Auswahl an Kuchendekorationen in vielen Formen und Farben. Auch Süßigkeitengeschäfte sind eine hervorragende Quelle für Zuckerdekorationen – Lakritze, Schokoladentropfen, Schokolinsen und Marshmallows lassen sich gut als effektvolle Verzierungen für Kuchen einsetzen.

Grundtechniken

1 SCHNEIDEN
Verwenden Sie immer ein langes Sägemesser, um Kuchen zum Füllen in Schichten zu schneiden. Den Kuchen auf eine saubere, ebene Arbeitsfläche legen. Das Messer gerade und waagerecht halten und den Kuchen mit einer leichten Sägebewegung gleichmäßig aufschneiden. Dabei die Finger vom Messer fernhalten!

2 FÜLLEN
Kuchen können beispielsweise mit Buttercreme, Marmelade oder Schlagsahne gefüllt werden. Um die obere Kuchenschicht zu begradigen, kann man auch eine dünne Schicht abschneiden. Die untere Schicht auf die Arbeitsfläche oder Servierplatte legen und die Füllung auf den Kuchen geben. Mit einem langen Palettenmesser gleichmäßig verteilen. Eine zweite Kuchenschicht darauflegen und den Vorgang je nach Rezept wiederholen.

3 KUCHEN FÜR DAS PIRATENSCHIFF (S. 74) VORBEREITEN
Den Kuchen quer auf die Arbeitsfläche legen. Die Ränder des Kuchens so abschneiden, dass sich ein sauberes Rechteck ergibt, die Reste dürfen genascht werden. Mit einem langen Messer an einem Ende 1 etwa 9 x 23 cm großes Rechteck abtrennen. Den restlichen Kuchen in 2 Rechtecke von etwa 11 x 23 cm Größe schneiden.

4 KUCHENSTÜCKE FÜR DAS PIRATENSCHIFF STAPELN
Die beiden größeren Rechtecke aufeinanderlegen. Das kleinere Rechteck halbieren und je 1 Stück an die Ränder des Kuchenstapels legen.

5 KUCHEN FÜR DAS PIRATENSCHIFF IN FORM SCHNEIDEN
Für den Bug am vorderen Ende des Kuchens zu beiden Seiten je 1 Dreieck abschneiden. Nach dem Zuschneiden und Zusammensetzen können Sie die Kuchenteile mit Holzspießen befestigen oder die Schichten mit etwas erwärmter Marmelade zusammenkleben. Das Piratenschiff kann nun glasiert werden. Vor dem Servieren alle Spieße entfernen.

6 PAPIERSCHABLONEN
Ein Blatt Butterbrot- oder Backpapier in der Größe des ungeschnittenen Kuchens für die Schablone vorbereiten: die gewünschte Form daraufzeichnen oder abpausen und ausschneiden. Die Schablone auf den Kuchen legen und mit einem kleinen, scharfen Messer den Kuchen rings um die Schablone ausschneiden. Am besten funktioniert das, wenn der Kuchen am Vortag gebacken und zuerst einige Stunden gekühlt wurde.

7 GLASIEREN
Wurde der Kuchen mit einer Schablone ausgeschnitten, sollte er vor dem Glasieren 1–2 Stunden kühl gestellt werden. Alternativ dazu kann die Oberfläche auch mit etwas erwärmter, passierter Marmelade bestrichen werden. Das verhindert, dass sich beim Verstreichen der Glasur Krümel lösen. Ideal dafür geeignet sind Palettenmesser, bei schwierigeren Formen leisten kleine Palettenmesser aus dem Künstlerbedarf gute Dienste.

8 SPRITZDEKORATIONEN
Nach dem Glasieren geht der Spaß erst richtig los! Spritzen Sie mit ruhiger Hand die Konturen auf die Glasur; später können die Umrisse mit einer anderen Farbe gefüllt werden. Überlegen Sie vorher genau, wo die Linien gezogen werden sollen. Sie können sie vor dem Spritzen auch mit der Spitze eines Cocktailstäbchens andeuten.

Vorlagen

ZUCKERMIEZE

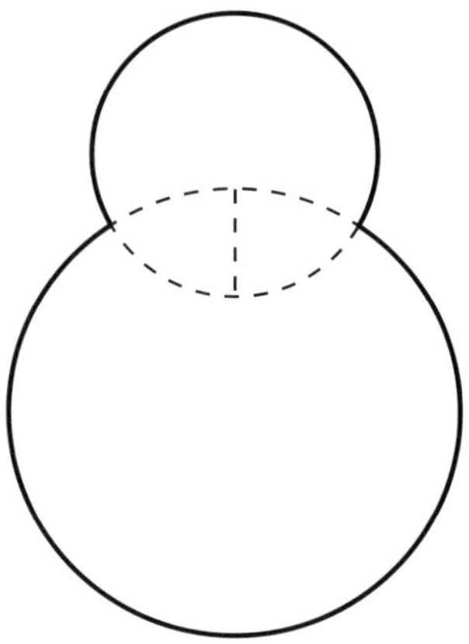

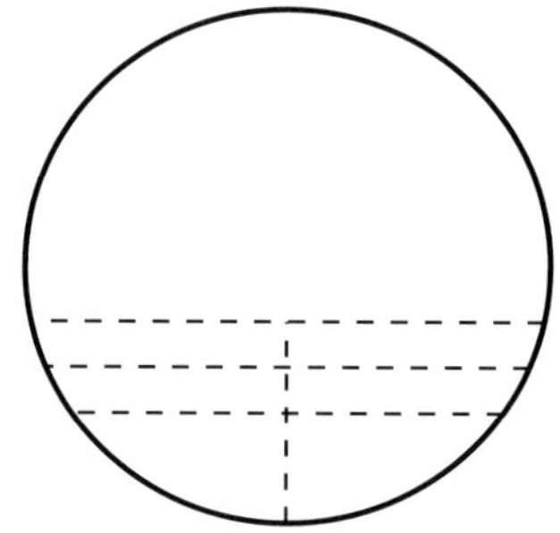

GRÜNER DINOSAURIER

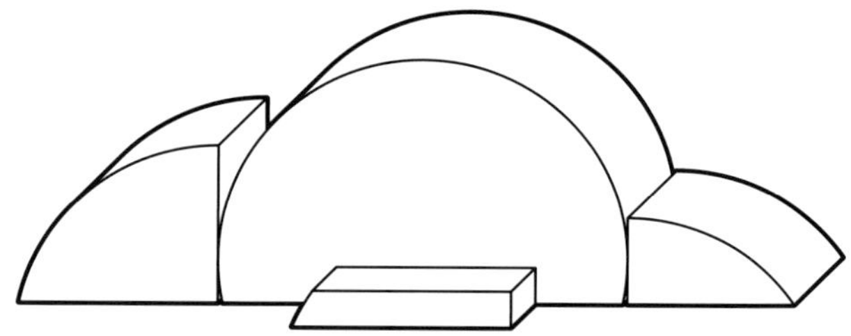

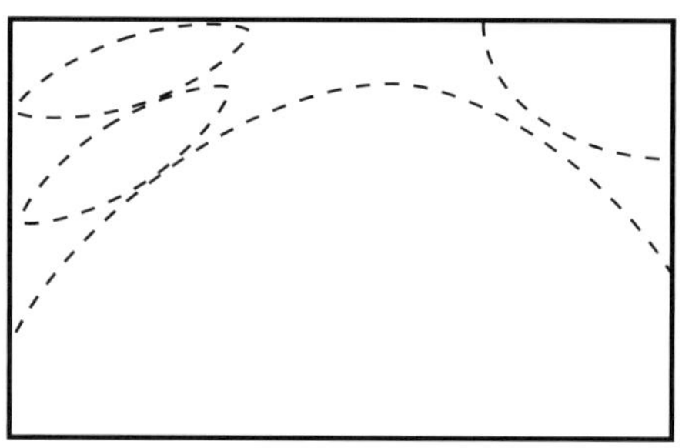

HÄSCHEN

FEUERWEHRAUTO

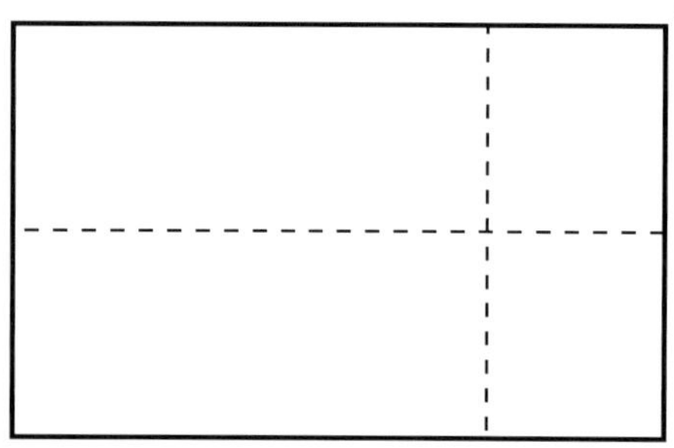

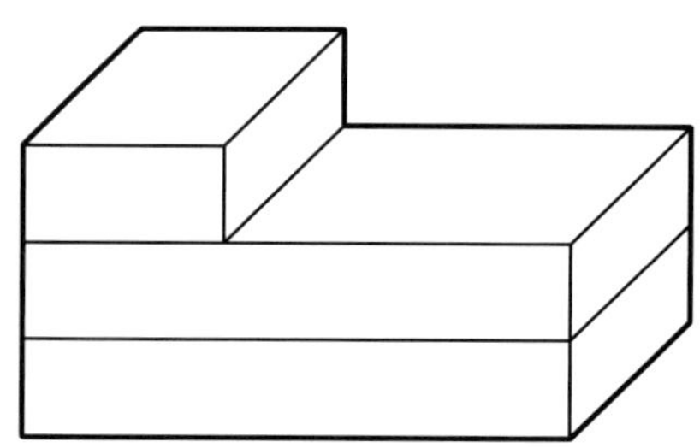

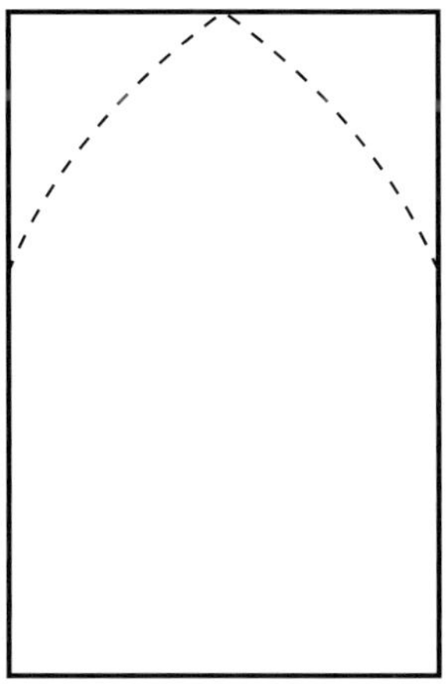

RAKETE

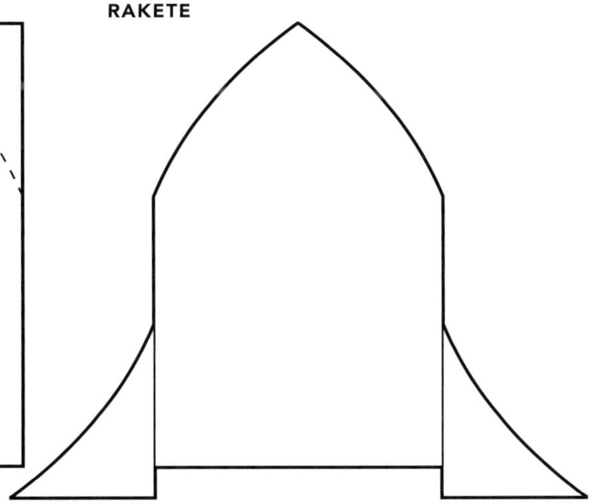

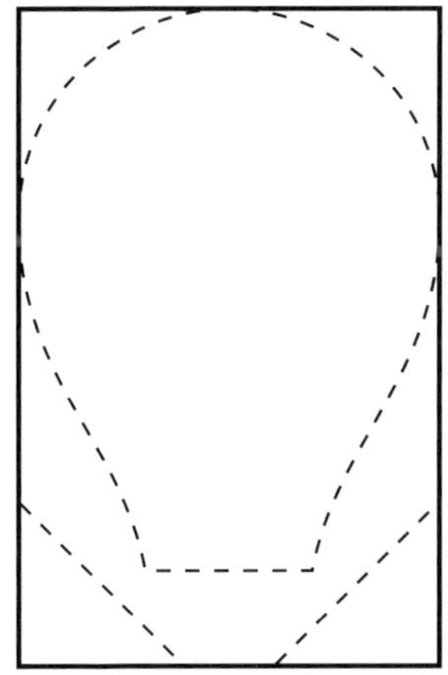

HEISSLUFTBALLON

GRÜNER TRAKTOR

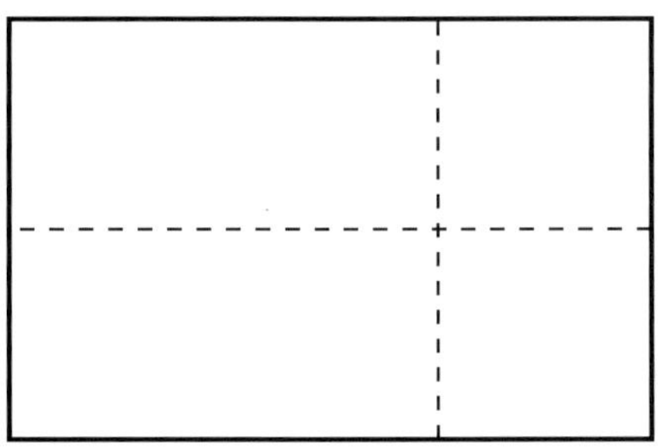

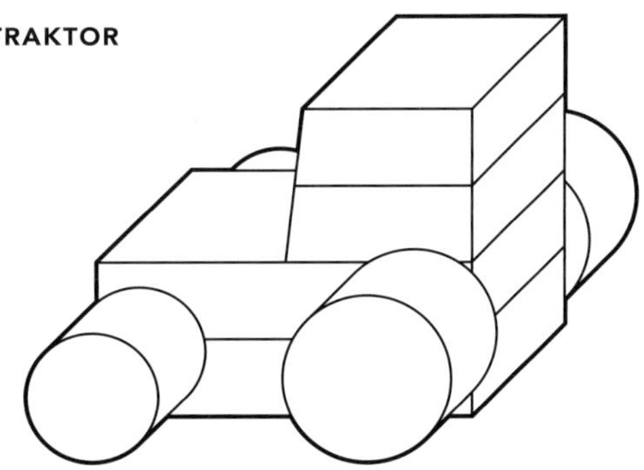

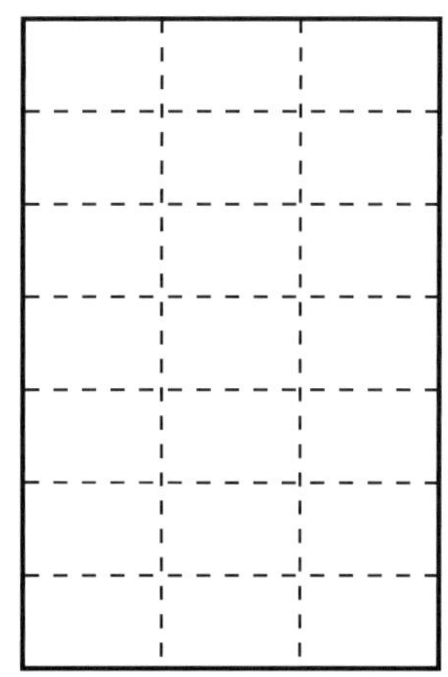

MÄRCHENSCHLOSS

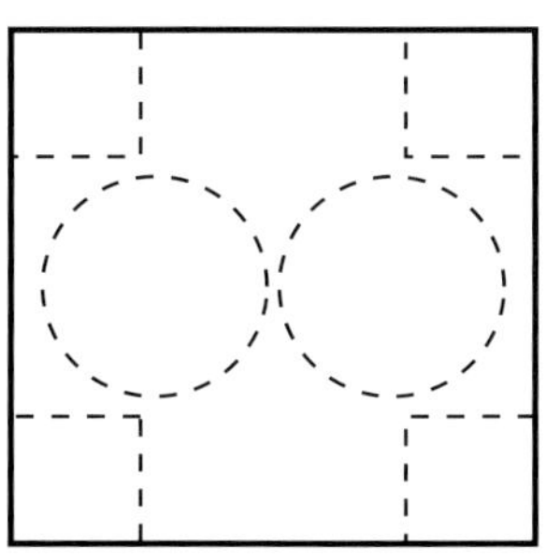

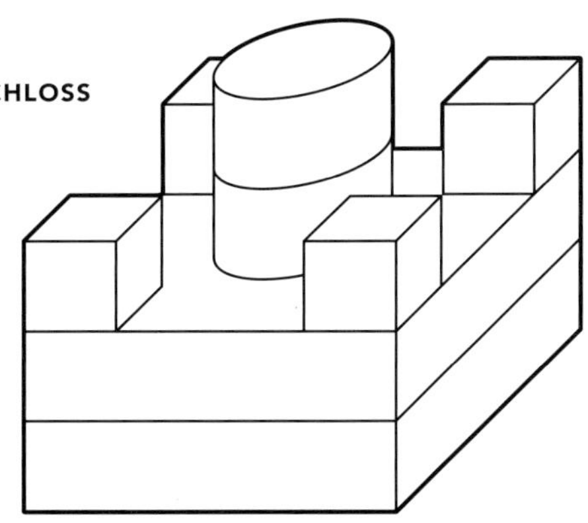

LOKOMOTIVE

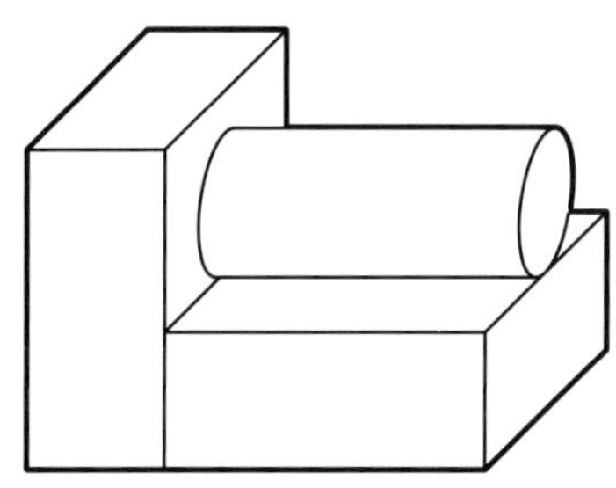

Einfache Leckereien

Dieser Kuchen lässt sich gut einen Tag im Voraus zubereiten und unglasiert in Klarsichtfolie oder einem luftdichten Behälter bis zum Servieren aufbewahren.

Karotten-Kokos-Kuchen

75 g Pekannüsse, geschält
375 g Mehl
2 TL Backpulver
1 TL Natron
½ TL Zimt
3 Eier
375 ml Erdnuss- oder Sonnenblumenöl
450 g brauner Zucker
4 EL Milch
2 Tropfen Vanillearoma
500 g Karotten, gerieben
abgeriebene Schale von 1 Bio-Orange
125 g Kokosraspel
100 g Marzipan
orange Lebensmittelfarbe
kandierte Engelwurz (im Feinkostgeschäft oder im Asia-Laden erhältlich)

GLASUR

450 g Frischkäse
2–3 EL Honig

2 runde Springformen (Durchmesser 20 cm), gefettet, Boden mit Backpapier ausgelegt

FÜR 8–10 PERSONEN

Ofen auf 180 °C (Gas: Stufe 3) vorheizen.

Pekannüsse auf ein Backblech legen und etwa 7 Minuten rösten. Etwas abkühlen lassen und grob hacken. Ofen eingeschaltet lassen.

Mehl, Backpulver, Natron und Zimt in eine Schüssel sieben und beiseite stellen.

In einer zweiten Schüssel Eier, Erdnussöl, Zucker, Milch und Vanillearoma mit dem Schneebesen zu einer glatten Mischung verrühren. Karotten, Orangenschale, Kokosraspel und Pekannüsse zufügen und gut vermischen. Die Mehlmischung zufügen und mit einem großen Löffel oder Gummischaber sorgfältig zu einer glatten Masse verrühren.

Teig auf die vorbereiteten Springformen verteilen und auf mittlerer Schiene etwa 40 Minuten backen. Zum Testen ein Spießchen in die Mitte der Kuchen stecken, es dürfen keine Teigreste mehr hängen bleiben. Kuchen 10 Minuten in den Formen abkühlen lassen, auf Gitterroste stürzen. Kuchen umdrehen und auskühlen lassen.

Für die Glasur Frischkäse und Honig glatt rühren. Einen Karottenkuchen auf einen großen Teller setzen und die Hälfte der Glasur darauf verteilen. Zweiten Kuchen daraufsetzen und mit der restlichen Glasur überziehen.

Für die Karotten das Marzipan mit der Lebensmittelfarbe orange färben (S. 17). ½ bis 1 Teelöffel Marzipan abteilen und zu einer Karotte formen. Mit dem restlichen Marzipan ebenso verfahren. Mit dem stumpfen Ende eines Holzspießes in jede Karotte ein kleines Loch stechen. Die Karotten über Nacht auf Backpapier in einem luftdichten Behälter trocknen lassen.

Kandierte Engelwurz in etwa 2 cm lange, schmale Stifte schneiden und in die Löcher in den Karotten drücken. Kuchen mit den Karotten und nach Belieben mit einem Schokoladenhasen verzieren.

Banane plus Karamell – wer könnte da widerstehen? Das Originalrezept wird mit Dulce de leche zubereitet, einer beliebten Zutat für argentinische Desserts und Süßigkeiten, die man aus Kondensmilch herstellt.

Bananen-Karamell-Kuchen

325 g Mehl
1½ TL Backpulver
1 TL Natron
3 reife Bananen
4 EL saure Sahne oder Crème fraîche
2 Tropfen Vanillearoma
175 g Butter
125 g Farinzucker
100 g Zucker
4 Eier
100 g Zartbitterschokolade, gerieben

GLASUR
400 g gezuckerte Kondensmilch
400 g Mascarpone

2 runde Springformen (Durchmesser 20 cm), gefettet, Boden mit Backpapier ausgelegt

FÜR 10 PERSONEN

Ofen auf 180 °C (Gas: Stufe 3) vorheizen.

Mehl, Backpulver und Natron in eine Schüssel sieben und beiseite stellen.

Bananen in einer Schüssel zerdrücken und mit saurer Sahne und Vanillearoma mischen.

Butter und beide Zucker in einer Küchenmaschine oder mit dem Handrührgerät zu einer hellen, luftigen Masse aufschlagen. Eier nach und nach zufügen, gut verrühren und die Teigreste zwischendurch mit einem Gummischaber von den Schüsselwänden lösen.

Die Mehlmischung nach und nach zufügen und gut unterrühren. Bananenmischung mit dem Gummischaber unterheben.

Teig auf die vorbereiteten Formen verteilen und auf mittlerer Schiene etwa 35 Minuten backen. 10 Minuten in den Formen abkühlen lassen, dann auf Gitterroste stürzen. Die Kuchen umdrehen und auskühlen lassen.

Zum Fertigstellen jeden Kuchen mit einem großen Sägemesser waagerecht halbieren, sodass sich 4 gleich dicke Schichten ergeben.

Für die Glasur die Kondensmilch in der ungeöffneten Dose etwa zwei Stunden im Wasserbad kochen. Ganz wichtig, sonst besteht Explosionsgefahr: Die Dose muss ganz mit Wasser bedeckt sein, daher ggf. nachgießen. Danach gut abkühlen lassen!

Eine Kuchenschicht auf einen Servierteller legen und mit einem Viertel des Mascarpone bestreichen. Ein Viertel der gekochten Kondensmilch darüberträufeln, dann ein Viertel geriebene Schokolade daraufgeben. Kuchen genauso weiter aufeinanderschichten und mit 1 Lage Schokolade abschließen.

Dieser Kuchen lässt sich gut in Klarsichtfolie oder einem luftdichten Behältnis aufbewahren. Er kann am Vortag zubereitet und am Festtag glasiert werden. Vermischen Sie die Teige für den Marmoreffekt nur ganz leicht.

Marmorkuchen

75 g Zartbitterschokolade, grob gehackt
175 g Mehl
1 TL Backpulver
175 g Butter
200 g Zucker
2 Tropfen Vanillearoma
4 Eier
gemischte Schokostreusel

GLASUR
125 g Zartbitterschokolade
75 g Butter
75 ml Milch
1 Tropfen Vanillearoma
150 g Puderzucker

Kastenform (20 x 13 cm), gefettet

FÜR 8–10 PERSONEN

Ofen auf 180 °C (Gas: Stufe 3) vorheizen.

Schokolade in eine ofenfeste Schüssel über einen Topf mit leicht siedendem Wasser geben (der Schüsselboden darf das Wasser nicht berühren). Umrühren, bis sie geschmolzen ist, und zum Abkühlen beiseite stellen.

Mehl und Backpulver sieben.

Butter und Zucker in einer Küchenmaschine oder mit dem Handrührgerät zu einer hellen, luftigen Masse aufschlagen. Vanillearoma unterrühren. Eier nach und nach unterrühren.

Die Mehlmischung zufügen und unterrühren. 1/3 des Teiges in die geschmolzene Schokolade geben und glatt rühren.

Mit einem Esslöffel abwechselnd Vanille- und Schokoladenteig in die Kastenform geben. Für den Marmoreffekt mit einem Tafelmesser vorsichtig eine Spirale durch den Teig ziehen.

Kuchen etwa 1 Stunde auf mittlerer Schiene backen. Garprobe machen: An einem in die Mitte gesteckten Spießchen darf kein Teig mehr hängen bleiben. Kuchen 10 Minuten in der Form abkühlen lassen, dann auf einen Gitterrost stürzen. Kuchen wieder umdrehen und auskühlen lassen.

Für die Glasur Schokolade und Butter in eine ofenfeste Schüssel über einen Topf mit leicht siedendem Wasser geben (der Schüsselboden darf das Wasser nicht berühren). Gut verrühren, bis die Mischung geschmolzen ist, und zum Abkühlen beiseite stellen.

In einer zweiten Schüssel Milch, Vanillearoma und Puderzucker mit dem Schneebesen glatt rühren. Die Schokoladenmischung zufügen und glatt rühren. Glasur zunächst etwas abkühlen und eindicken lassen.

Kuchen mit der Glasur überziehen und mit den Schokoladenstreuseln garnieren.

ROSE
8

Ein köstlich leichter Zitronen-Schichtkuchen. Dekorieren Sie ihn nach Herzenslust mit Süßigkeiten aller Formen und Farben. Der Kuchen kann im Voraus zubereitet werden; nur die Süßigkeiten sollen erst kurz vor dem Servieren aufgelegt werden, damit sie nicht in der Glasur aufweichen.

Zitronenkuchen

400 g Mehl
1 EL Backpulver
225 g Butter
225 g Zucker
4 Eier
250 ml saure Sahne
abgeriebene Schale von 2 Bio-Zitronen
frisch gepresster Saft von 1 Zitrone
gemischte Süßigkeiten

GLASUR
350 g Butter
600 g Puderzucker, gesiebt
4 EL Lemon Curd (englischer Zitronenaufstrich)

2 runde Springformen (Durchmesser 20 cm), gefettet, Boden mit Backpapier ausgelegt

FÜR 8–10 PERSONEN

Ofen auf 180 °C (Gas: Stufe 3) vorheizen.

Mehl und Backpulver sieben.

Butter und Zucker in einer Küchenmaschine oder mit dem Handrührgerät zu einer hellen, luftigen Masse aufschlagen. Eier nach und nach zufügen und gut unterrühren.

Mehlmischung und saure Sahne abwechselnd portionsweise zufügen. Zitronenschale und -saft zufügen und die Masse glatt rühren.

Teig gleichmäßig auf die Springformen verteilen und auf mittlerer Schiene etwa 35 Minuten backen. Bei der Garprobe dürfen keine Teigreste mehr hängen bleiben. Kuchen 10 Minuten in den Formen abkühlen lassen, auf Gitterroste stürzen und auskühlen lassen.

Für die Glasur Butter und Puderzucker zu einer glatten, hellen Mischung cremig aufschlagen. Lemon Curd unterrühren.

Jeden Kuchen mit einem großen Sägemesser waagerecht halbieren.

Eine Kuchenschicht auf eine Tortenplatte legen und mit 2 gehäuften Esslöffeln Glasur bestreichen. Eine zweite Schicht darauflegen und wieder mit Glasur bestreichen. Vorgang wiederholen, bis der Kuchen 3 Füllungen hat. Die restliche Glasur auf der Oberfläche und an den Seiten des Kuchens verteilen und mit einem Palettenmesser verstreichen.

Den Kuchen nach Belieben mit gemischten Süßigkeiten wie z. B. Schokolinsen, sauren Drops und Weingummis dekorieren.

Den köstlichen Schokoladenkuchen können Sie einen Tag vor dem Geburtstagsfest backen. Die Füllung lässt sich schnell zubereiten, der Kuchen sollte allerdings erst am Festtag zusammengesetzt werden.

Schokoladenkuchen

125 g Kakao
250 ml kochendes Wasser
400 g Mehl
2 TL Backpulver
1½ TL Natron
150 g Butter
500 g brauner Zucker
3 Eier
300 ml Buttermilch

GLASUR
350 g Zartbitterschokolade, grob gehackt
225 g Butter
225 ml Milch
2 Tropfen Vanillearoma
450 g Puderzucker, gesiebt

3 runde Springformen (10, 18 und 23 cm Durchmesser), gefettet, Boden mit Backpapier ausgelegt

FÜR 14–16 PERSONEN

Ofen auf 180 °C (Gas: Stufe 3) vorheizen.

Kakao und kochendes Wasser in eine mittelgroße Schüssel geben, mit dem Schneebesen glatt rühren und kühl stellen.

Mehl, Backpulver und Natron in eine große Schüssel sieben.

Butter und Zucker in einer Küchenmaschine oder mit dem Handrührgerät zu einer hellen, luftigen Masse schlagen. Eier nach und nach zufügen und sorgfältig verrühren.

Mehlmischung und Buttermilch abwechselnd portionsweise zufügen. Kakaomischung zufügen und verrühren, bis der Teig glatt ist.

Teig auf die vorbereiteten Springformen verteilen. Den kleinen Kuchen etwa 25 Minuten, den mittleren 30–35 Minuten und den größten etwa 40–45 Minuten backen. Garprobe machen: Mit einem Spießchen in die Kuchenmitte stechen – es dürfen keine Teigreste mehr daran hängen bleiben. Kuchen etwa 10 Minuten in den Formen abkühlen lassen, dann auf Gitterroste stürzen. Die Kuchen wieder umdrehen und auskühlen lassen.

Für die Glasur Schokolade und Butter in eine ofenfeste Schüssel über einen Topf mit leicht siedendem Wasser geben (der Schüsselboden darf das Wasser nicht berühren). Umrühren, bis die Masse geschmolzen ist, kühl stellen.

In einer zweiten Schüssel Milch, Vanillearoma und Puderzucker mit dem Schneebesen glatt rühren. Schokoladenmischung zufügen und glatt rühren. Glasur vor dem Aufstreichen etwas eindicken lassen.

Mit einem langen Sägemesser alle 3 Kuchen waagerecht halbieren. Eine Schicht des größten Kuchens auf eine Tortenplatte legen und mit einigen Esslöffeln Glasur bestreichen. Die andere Kuchenhälfte darauflegen.

Mit den restlichen Kuchen ebenso verfahren, dabei immer den kleineren auf den größeren Kuchen setzen. Die restliche Schokoglasur mit einem Palettenmesser gleichmäßig über den ganzen Kuchen verteilen.

Ganz gleich, in welcher Größe Sie die „Bauklötze" produzieren: Beachten Sie, dass die Glasur auf diesem Kuchen über Nacht fest werden muss. Geben Sie ihn dazu in ein luftdichtes Behältnis.

Bauklötze

2 Portionen Vanille-Rührkuchen (mittel, S. 11)
6 EL Himbeerkonfitüre, passiert
3 EL Buttercreme (S. 14), nach Belieben
500 g Marzipan
Puderzucker zum Ausrollen
500 g ausrollfertiges Royal Icing (Eiweißglasur)
Lebensmittelfarbe nach Belieben

2 quadratische Backformen (Kantenlänge 20 cm), gefettet, Boden mit Backpapier ausgelegt
Ausstechförmchen für Buchstaben oder Zahlen
Bänder

FÜR 9 PERSONEN

Ofen auf 180 °C (Gas: Stufe 3) vorheizen.

Teig für den Vanille-Rührkuchen vorbereiten und auf die Kuchenformen verteilen. Auf mittlerer Schiene etwa 35–40 Minuten backen. Kuchen 10 Minuten in den Formen abkühlen lassen, dann auf Gitterroste stürzen. Kuchen wieder umdrehen und auskühlen lassen.

Oberseiten mit einem scharfen Messer begradigen. Einen Kuchen mit je 2 Esslöffeln Konfitüre und Buttercreme (nach Belieben) bestreichen und den anderen darauflegen. Die Ränder gerade schneiden. Kuchen in 9 Teile schneiden. Restliche Konfitüre in einem kleinen Topf erhitzen, durch ein Sieb passieren und Oberseiten und Seiten der Blöcke damit bepinseln.

Marzipan in 9 gleich große Stücke teilen. Arbeitsfläche leicht mit Puderzucker bestäuben und Marzipan jeweils höchstens 2 mm dick ausrollen. Die Quadrate müssen groß genug sein, um einen Block abzudecken. Oberseiten und Seiten der Blöcke mit Marzipan überziehen, dabei die Hände mit Puderzucker bestäuben und den Überzug glätten. Mindestens 1 Stunde beiseite stellen.

Werden mehre Farben verwendet, das Royal Icing entsprechend teilen und im gewünschten Farbton einfärben (S. 17). Noch nicht verwendete Glasur mit Klarsichtfolie abdecken. Arbeitsfläche leicht mit Puderzucker bestäuben und Glasurquadrate von höchstens 2 mm Stärke ausrollen. Jeden Kuchenblock ganz leicht mit etwas kaltem Wasser bepinseln. Die Blöcke mit Glasur überziehen, dabei die Hände mit Puderzucker bestäuben und den Überzug glätten. Überstehende Ränder abschneiden. Mit der andersfarbigen Glasur und den übrigen Blöcken ebenso verfahren.

Restliche Glasur dünn ausrollen und Buchstaben oder Zahlen ausstechen. Mit etwas kaltem Wasser bestreichen und die „Bauklötze" damit bekleben. Kuchen über Nacht kühl stellen, mit Bändern verzieren.

Nach dem Ausschneiden können Sie die Kuchenreste in einem Dessert verarbeiten oder Törtchen daraus machen. Natürlich können Sie auch andere Zahlen herstellen.

Zahlen-Kuchen „5"

2 Portionen Vanille-Rührkuchen (groß, S. 11)
1 Portion Buttercreme (S. 14)
blaue Lebensmittelfarbe

runde Springform (Durchmesser 23 cm) und quadratische Backform (Kantenlänge 20 cm), gefettet, Boden mit Backpapier ausgelegt
runder Plätzchenausstecher oder kleine Schale (Durchmesser 7–8 cm)
Spritzbeutel mit Sterntülle

FÜR 12–14 PERSONEN

Ofen auf 180 °C (Gas: Stufe 3) vorheizen.

Teig für den Vanille-Rührkuchen vorbereiten und auf die Backformen verteilen. Auf mittlerer Schiene etwa 30–35 Minuten backen. Garprobe machen: Spießchen in die Mitte der Kuchen stecken, es dürfen keine Teigreste mehr hängen bleiben. Kuchen 10 Minuten in den Formen abkühlen lassen, dann auf Gitterroste stürzen. Die Kuchen wieder umdrehen und auskühlen lassen.

Die beiden Kuchen mit einem scharfen Messer auf gleiche Höhe schneiden. Mit einem Plätzchenausstecher oder der kleinen Schale aus der Mitte des runden Kuchens eine Scheibe ausstechen (dieser Teil wird für den Kuchen nicht benötigt). Das obere linke Viertel des verbleibenden Kuchenrings ausschneiden und beiseite legen.

Ränder des quadratischen Kuchens sauber abschneiden und den Kuchen in 2 Rechtecke von je 10 x 20 cm schneiden. Von einem dieser Stücke ein kleineres Rechteck von etwa 15 x 10 cm abschneiden.

Den runden Kuchen mit dem ausgeschnittenen Viertel oben links an die Unterkante eines großen Bretts legen. Das größere Rechteck als Längsstrich der 5 und das kleinere als Querbalken anlegen.

Buttercreme im gewünschten Ton einfärben (S. 17). Den Kuchen mit etwa 2/3 der Buttercreme überziehen und mit einem Palettenmesser glatt streichen. Die restliche Buttercreme stärker einfärben und damit Rosetten um den Kuchenrand spritzen.

Ein simples Rezept für Baisers, das immer gelingt: Die Teilchen sind innen noch etwas weich, außen aber schön knusprig. Der Teig muss lange geschlagen werden, da er erst nach zehn Minuten richtig fest und glänzend wird. Das Gebäck lässt sich einige Tage in einem luftdichten Behältnis aufbewahren.

Baiser-Berg

300 g Zucker
5 Eiweiß (ca. 150 g)
rosa Lebensmittelfarbe
blaue Lebensmittelfarbe
essbare Silberkugeln und Zuckerstreusel
1 EL Kakao

2 Backbleche, mit Backpapier ausgelegt

ERGIBT 12 STÜCK

Ofen auf 200 °C (Gas: Stufe 4) vorheizen.

Zucker in ein ofenfestes Gefäß (Topf oder Pfanne) geben, dieses auf das Backblech stellen und etwa 7 Minuten erhitzen, bis der Zucker flüssig wird. Dann die Temperatur auf 110 °C (Gas: Stufe 1–2) herunterschalten.

Inzwischen das Eiweiß in einer Küchenmaschine oder mit dem Handrührgerät schaumig schlagen. Den heißen Zucker zum Eiweiß geben und etwa 10 Minuten bei hoher Geschwindigkeit weiterschlagen, bis die Baisermischung sehr steif geworden ist.

Den Baiserteig auf 3 Schüsseln verteilen. Mit einem Cocktailstäbchen 1 kleinen Tropfen rosa Lebensmittelfarbe in eine der Schüsseln geben und mit einem großen Metalllöffel vorsichtig unter den Teig heben, sodass er farbige Schlieren bekommt.

Baisers mit 2 Esslöffeln in 4 gleich großen Portionen auf das Backblech setzen. Mit der blauen Lebensmittelfarbe ebenso verfahren.

Kakao in die letzte Schüssel sieben und unterheben, bis der Teig braune Schlieren hat.

Die Baisers mit Silberkugeln und Zuckerstreuseln bestreuen und 1½–1¾ Stunden backen. Aus dem Ofen nehmen und auf den Backblechen abkühlen lassen. Auf einer Kuchenplatte zu einem Berg schichten.

Jeder liebt Cupcakes. Glasieren und dekorieren Sie diese kleinen Köstlichkeiten nach Belieben. Am besten lassen Sie sich vom Geburtstagskind helfen!

Prinzessinnen-Cupcakes

1 Portion Vanille-Rührkuchen (groß, S. 11)
1 Portion Buttercreme (S. 14)
Lebensmittelfarben nach Belieben
bunte Zuckerstreusel

Spritzbeutel mit Sterntüllen
2 Muffinbleche, ausgelegt mit insgesamt 18–20 Papierförmchen

ERGIBT 18–20 STÜCK

Ofen auf 180 °C (Gas: Stufe 3) vorheizen.

Teig für den Vanille-Rührkuchen vorbereiten und auf die Muffinförmchen verteilen. Auf mittlerer Schiene 20–25 Minuten backen. Bei der Garprobe mit einem Spießchen dürfen keine Teigreste mehr hängen bleiben. Kuchen 10 Minuten in den Formen abkühlen lassen, dann auf Gitterroste stürzen. Die Kuchen vorsichtig umdrehen und auskühlen lassen.

Buttercreme je nach der gewünschten Anzahl von Farben auf 3 bis 4 Schüsseln verteilen. Die Portionen in den gewünschten Tönen einfärben (S. 17).

Spritzbeutel mit der gefärbten Buttercreme füllen und die Creme in großzügigen Spiralen auf den Cupcakes verteilen. Kuchen mit bunten Zuckerstreuseln dekorieren und auf einer Etagere servieren.

Für diese Köstlichkeiten braucht man Eiswaffeln mit flachem Boden, die beim Backen im Muffinblech stehen bleiben. Wollen Sie „Erdbeereis" servieren, färben Sie die Buttercreme rosa und verteilen frische Erdbeerscheiben oder Kirschen darauf. Diese Cupcakes sollten erst am Festtag gebacken und frisch verspeist werden.

„Eiscreme"-Cupcakes

10 Eiswaffelbecher
125 g Butter
125 g Zucker
2 Eier
2 Tropfen Vanillearoma
125 g Mehl
1½ TL Backpulver
2 EL Milch
10 Stück Borkenschokolade

BUTTERCREME
250 g Butter
500 g Puderzucker, gesiebt
2 Tropfen Vanillearoma

Muffinblech mit 12 Vertiefungen
Spritzbeutel mit Sterntülle

ERGIBT 10 STÜCK

Ofen auf 180 °C (Gas: Stufe 3) vorheizen. Waffelbecher in die Vertiefungen des Muffinblechs stellen.

Butter und Zucker in einer Küchenmaschine oder mit dem Handrührgerät zu einer hellen, luftigen Masse aufschlagen. Die beiden Eier nach und nach zufügen und sorgfältig unterrühren. Vanillearoma zugeben.

Mehl und Backpulver sieben und unter die Masse heben. Milch unterrühren. Den Teig auf die Waffelbecher verteilen und auf mittlerer Schiene 20–25 Minuten goldbraun backen. 10 Minuten im Muffinblech abkühlen lassen, auf Gitterroste stürzen und auskühlen lassen.

Für die Buttercreme Butter, Zucker und Vanillearoma zu einer cremigen Masse aufschlagen. Buttercreme in den Spritzbeutel füllen und in großzügigen Spiralen auf den Cupcakes verteilen. Kuchen mit je 1 Stück Borkenschokolade garnieren.

Der perfekte Geburtstagskuchen: Er lässt sich drei Tage im Voraus backen und im Gefrierschrank aufbewahren. Vor dem Servieren muss er nur noch mit gehackten Bonbons dekoriert werden.

Eiscreme-Schichtkuchen

175 g Zucker
3 Eiweiß
1 Portion Schokoladen-Rührkuchen (mittel, S. 11)
1 l Vanilleeiscreme
1,5 l Schokoladeneiscreme
200 g Schokoladen-Pfefferminz-Stäbchen oder -täfelchen, gehackt
einige Pfefferminzbonbons, grob gehackt

rechteckige Backform (33 x 23 x 6 cm), gefettet und mit Backpapier ausgelegt

FÜR 12 PERSONEN

Ofen auf 200 °C (Gas: Stufe 4) vorheizen.

Zucker auf ein kleines Backblech geben und etwa 5 Minuten im Ofen erhitzen. Ofen auf 110 °C (Gas: Stufe 1–2) herunterschalten.

Eiweiß in einer Küchenmaschine oder mit dem Handrührgerät schaumig schlagen. Den heißen Zucker zum Eiweiß geben und etwa 8 Minuten weiterschlagen, bis die Baisermasse sehr steif ist.

Teig in die vorbereitete Backform geben, mit einem Palettenmesser glatt streichen und auf mittlerer Schiene 1½ Stunden backen, bis die Oberfläche knusprig ist. Aus dem Ofen nehmen und in der Form vollständig abkühlen lassen. Baiser aus der Form nehmen.

Kuchenform abspülen und den Boden mit Backpapier auslegen. Ofen auf 180 °C (Gas: Stufe 3) vorheizen.

Schokoladen-Rührteig herstellen und in die Backform geben. Auf mittlerer Schiene 20–25 Minuten backen. 10 Minuten in der Form abkühlen lassen, dann auf einen Rost stürzen. Kuchen wenden und abkühlen lassen.

Vanilleeis und 1/4 des Schokoladeneises für 20 Minuten vom Gefrierfach in das Kühlfach stellen, damit beide weich werden.

Mit einem langen Sägemesser den Kuchen in 2 Rechtecke von etwa 23 x 16 cm teilen. Baiser vorsichtig vom Backpapier lösen und auf dieselbe Weise schneiden.

Vanilleeis in eine Schüssel geben und die gehackten Schokoladen-Pfefferminz-Stäbchen rasch unterrühren.

Das Eis schmilzt schnell, deshalb zügig weiterarbeiten: 1 Kuchenschicht auf ein Brett legen und die Hälfte des Vanilleeises darauf verteilen. 1 Schicht Baiser darauflegen. Das Schokoladeneis auf dem Baiser verstreichen und mit der zweiten Baiserschicht abdecken. Das restliche Vanilleeis darauf verteilen und die zweite Kuchenschicht darauflegen. Kuchen mit Klarsichtfolie abdecken und mindestens 2 Stunden mit der Schnellgefrierfunktion im Gefrierschrank fest werden lassen. Kuchen auf einen Servierteller legen und die Ränder mit einem langen Messer sorgfältig gerade schneiden.

Das restliche Schokoladeneis 20 Minuten im Kühlschrank etwas weich werden lassen, dann Oberseite und Seiten des Kuchens damit überziehen. Kuchen für etwa 1 Stunde wieder in den Gefrierschrank stellen.

Zum Servieren die Pfefferminzbonbons über den Kuchen streuen.

21
22
23
24
25
20
19
18
17
16
11
12
14
10
9
8
6
1
2
3
4
5

Wenn Sie kein Marzipan mögen, können Sie vor dem Glasieren auch eine Schicht Buttercreme auf dem Kuchen verteilen. Die Glasur muss über Nacht in einem luftdichten Behältnis fest werden.

Leiterspiel-Kuchen

1 Portion Vanille-Rührkuchen (extragroß) (S. 11)
6 EL Aprikosen- oder Himbeerkonfitüre
Puderzucker zum Ausrollen
750 g Marzipan
1 kg ausrollfertige Fondantglasur
Lebensmittelfarbe in Grün und Gelb
schwarze Zuckerschrift
gemischte Weingummischlangen

quadratische Backform (Kantenlänge 25 cm), gefettet, Boden mit Backpapier ausgelegt
Band (nach Belieben)

FÜR 15–20 PERSONEN

Ofen auf 180 °C (Gas: Stufe 3) vorheizen.

Teig für den Vanille-Rührkuchen vorbereiten und in die Kuchenform geben. Auf mittlerer Schiene 40–45 Minuten backen. Garprobe machen: Holzspießchen in den Kuchen stecken, es dürfen keine Teigreste mehr hängen bleiben. 10 Minuten in der Form abkühlen lassen, dann auf einen Gitterrost stürzen. Den Kuchen umdrehen und auskühlen lassen.

Falls erforderlich, die Oberseite des Kuchens mit einem scharfen Messer begradigen. Kuchen auf einen Servierteller legen.

Konfitüre in einem kleinen Topf erhitzen, durch ein Sieb passieren und Oberseite und Seiten des Kuchens damit bepinseln.

Arbeitsfläche leicht mit Puderzucker bestäuben und das Marzipan zu einem Quadrat ausrollen, das etwas größer als der Kuchen ist. Oberseite und Seiten des Kuchens mit Marzipan überziehen, dabei die Hände mit Puderzucker bestäuben und den Überzug glätten, Überschüsse abschneiden. Mindestens 1 Stunde beiseite stellen.

Marzipan mit etwas kaltem Wasser bepinseln. Arbeitsfläche leicht mit Puderzucker bestäuben und drei Viertel der Fondantglasur zu einem Quadrat ausrollen, das etwas größer als der Kuchen ist. Oberseite und Seiten des Kuchens mit Glasur überziehen, dabei die Hände mit Puderzucker bestäuben und den Überzug glätten, Überschüsse abschneiden.

Restliche Glasur halbieren und eine Hälfte gelb, die andere grün färben (S. 17). Dünn ausrollen und in gleichmäßige Quadrate für das Schachbrettmuster auf dem Kuchen schneiden. Mit etwas kaltem Wasser auf dem Kuchen befestigen. Den Kuchen in ein luftdichtes Behältnis legen und über Nacht trocknen lassen.

Mit der Zuckerschrift Zahlen und Leitern auf die Quadrate zeichnen. Den Kuchen nach Belieben mit einem Band verzieren und mit Weingummischlangen dekorieren.

Backen Sie den Kuchen einen Tag vor dem Glasieren und legen Sie ihn über Nacht in ein luftdichtes Behältnis – so lässt er sich leichter schneiden und glasieren. Diese Teilchen sind die ideale Nascherei für zwischendurch.

Kuchenpralinen

150 g Butter
150 g Zucker
2 Eier
150 g Mehl
2 TL Backpulver
3–4 EL Milch
50 g gemahlene Mandeln
abgeriebene Schale und Saft von ½ Bio-Zitrone
2 EL Lemon Curd (englischer Zitronenaufstrich)
1 EL Aprikosenkonfitüre
100 g Marzipan
Zuckerblumen
essbare Silberkugeln

GLASUR
500 g Puderzucker
Saft von 1 Zitrone
rosa Lebensmittelfarbe

quadratische Backform (Kantenlänge 20 cm), gefettet, Boden mit Backpapier ausgelegt
Spritzbeutel mit kleiner Lochtülle

ERGIBT ETWA 16 STÜCK

Ofen auf 180 °C (Gas: Stufe 3) vorheizen.

Butter und Zucker in einer Küchenmaschine oder mit dem Handrührgerät zu einer hellen, luftigen Masse aufschlagen. Eier nach und nach zufügen und sorgfältig unterrühren.

Mehl und Backpulver sieben und die Hälfte unter die cremige Mischung heben, dann die Hälfte der Milch unterrühren. Restliches Mehl und restliche Milch abwechselnd unterrühren.

Gemahlene Mandeln, Zitronenschale und -saft unterheben, glatt rühren und den Teig in die Backform geben. Kuchen auf mittlerer Schiene 25–30 Minuten backen. 10 Minuten in der Form abkühlen lassen, auf einen Gitterrost stürzen. Abkühlen lassen und über Nacht in einem luftdichten Behältnis aufbewahren.

Kuchenoberseite mit einem scharfen Messer gerade schneiden, falls nötig. Kuchen waagerecht halbieren. Untere Hälfte auf ein Brett legen und Schnittfläche mit Lemon Curd bestreichen. Andere Hälfte darauflegen.

Konfitüre in einem kleinen Topf erhitzen, durch ein Sieb passieren und die Oberseite des Kuchens damit bepinseln.

Arbeitsfläche leicht mit Puderzucker bestäuben und Marzipan zu einem Quadrat in der Größe des Kuchens ausrollen; die Backform dabei als Vorlage verwenden. Marzipan auf den Kuchen legen, dabei die Hände mit Puderzucker bestäuben und die Oberfläche glätten. Die Seiten gerade schneiden und den Kuchen in 4 cm große Würfel schneiden.

Für die Glasur den Puderzucker mit Zitronensaft zu einer dickflüssigen Mischung verrühren. Die Hälfte der Glasur in eine kleine Schüssel geben, mit rosa Lebensmittelfarbe nach Belieben einfärben (S. 17) und mit Klarsichtfolie abdecken. Restliche Glasur in einem anderen Rosaton einfärben. Jedes Teilchen mit einer der beiden Glasuren überziehen und auf einem Gitterrost trocknen lassen. (Dazu am besten die Teilchen auf einer Gabel über die Schüssel halten und die Glasur gleichmäßig über Oberseite und Seiten träufeln.) Die restliche Glasur mit Klarsichtfolie abdecken und beiseite stellen. Pralinen mindestens 1 Stunde trocknen lassen.

Restliche Glasur in den Spritzbeutel füllen und Pralinen mit Linien und Punkten bemalen. Mit Zuckerblumen und Silberkugeln dekorieren. Vor dem Servieren gut trocknen lassen.

Tiere

Mein Lieblingskuchen ist ganz einfach zu backen. Alle Schokoladensorten in diesem Rezept sind im Supermarkt oder Süßigkeitengeschäft erhältlich. Sie brauchen dafür Schokoladenplättchen in verschiedenen Größen.

Eule

1 Portion Vanille- oder Schokoladen-Rührkuchen (extragroß, S. 11)
1 Portion Schokoladencreme (S. 15)
Schokoladenplättchen und -tropfen in verschiedenen Größen
Schokoladenstreusel
1 Stück Schokolade, in große Späne gehobelt
1 Schoko-Karamell-Riegel

2 runde Springformen (Durchmesser 23 cm), gefettet, Boden mit Backpapier ausgelegt
Spritzbeutel mit Sterntülle

FÜR 12–16 PERSONEN

Ofen auf 180 °C (Gas: Stufe 3) vorheizen.

Teig für den Rührkuchen vorbereiten und auf die Backformen verteilen. Auf mittlerer Schiene 30–35 Minuten backen. Garprobe machen: Ein Holzspießchen in den Kuchen stecken, es dürfen keine Teigreste mehr hängen bleiben. Kuchen 10 Minuten in den Formen abkühlen lassen, auf Gitterroste stürzen. Kuchen umdrehen und auskühlen lassen.

Falls nötig, die Kuchen mit einem scharfen Messer auf dieselbe Höhe schneiden. Einen Kuchen auf eine Tortenplatte legen und die Schnittfläche mit etwa 3 Esslöffeln Schokoladencreme bestreichen. Den anderen Kuchen darauflegen. 3/4 der restlichen Schokoladencreme mit einem Palettenmesser auf der Oberseite und den Seiten des Kuchens gleichmäßig verteilen und verstreichen.

Schokoladenplättchen als Federn auf der unteren Kuchenhälfte verteilen und die obere Kuchenhälfte mit Schokoladenstreuseln bestreuen. Restliche Schokoladencreme in den Spritzbeutel füllen und rings um das Eulengesicht Federn spritzen.

Verschiedene Schokoladenplättchen und -tropfen als Augen auf die Streusel setzen. Schokoladenspäne in dünne Stücke schneiden und als Beine in den unteren Kuchenrand stecken. Schokoriegel halbieren. Eine Hälfte diagonal halbieren und als Flügel in die Seiten stecken. Restlichen Riegel spitz zuschneiden und als Schnabel auf das Eulengesicht setzen.

Dieses Häschen ist mit Eiweißglasur verziert, Sie können aber auch gefärbte Buttercreme verwenden. Für den Häschenschwanz brauchen Sie nur einen Muffin; frieren Sie den Rest ein oder machen Sie daraus Blütentörtchen (S. 122), die Sie um das Häschen arrangieren.

Häschen

1 Portion Vanille-Rührkuchen (extragroß, S. 11)
1 Portion Vanille-Rührkuchen (klein, S. 11)
1 Portion Eiweißglasur (S. 15)
rosa Lebensmittelfarbe
2 Jelly Beans oder braune Schokolinsen
schwarze Zuckerschrift

1 rechteckige Backform (33 x 23 x 6 cm), gefettet, Boden mit Backpapier ausgelegt
Muffinblech mit 6 Vertiefungen, ausgelegt mit Papierförmchen

FÜR 12 PERSONEN

Ofen auf 180 °C (Gas: Stufe 3) vorheizen.

Teig für die Vanille-Rührkuchen getrennt vorbereiten, die extragroße Menge in die Backform geben und die kleine auf die Papierförmchen verteilen. Den Kuchen etwa 40 Minuten und die Muffins 20–25 Minuten auf mittlerer Schiene backen. Garprobe machen: An einem in die Kuchen gesteckten Spießchen dürfen keine Teigreste mehr hängen bleiben. Kuchen 10 Minuten in den Formen abkühlen lassen, auf Gitterroste stürzen. Kuchen umdrehen und auskühlen lassen.

Die Hasenform von Seite 20 abpausen, vergrößern, ausschneiden und auf den Kuchen legen. Konturen mit einem scharfen Messer rings um die Schablone ausschneiden und aus den Resten Ohren und Kopf formen. Teile auf einer großen Servierplatte aneinanderlegen.

3–4 Esslöffel Eiweißglasur für Ohren und Schwänzchen in einem Schälchen beiseite stellen. Oberseite und Seiten des Häschens vollständig mit Eiweißglasur überziehen und mit dem Rücken eines Löffels kleine Spitzen ziehen, um das „Fell" herzustellen.

Restliche Glasur mit 1 Tropfen Lebensmittelfarbe hellrosa einfärben (S. 17). Papierförmchen von einem Muffin abziehen, mit rosa Glasur überziehen, auch die Ohreninnenseiten mit rosa Glasur andeuten. Muffin als Schwänzchen auf den Hasen setzen.

Jelly Beans oder Schokolinsen als Auge und Nase ins Gesicht setzen. Mit Zuckerschrift Schnurrbarthaare ziehen. Häschen vor dem Servieren 1 Stunde fest werden lassen.

Besonders kleine Kinder lieben diesen Kuchen. Sie können ihn im Voraus backen und am Festtag zusammensetzen. Für Ohren und Nase backen Sie einen Satz Muffins; die Reste können Sie einfrieren oder glasieren und zum Teddykuchen servieren.

Teddybär

1 Portion Vanille- oder Schokoladen-Rührkuchen (groß, S. 11)
1 Portion Vanille- oder Schokoladen-Rührkuchen (klein, S.11)
1 Portion Schokoladencreme (S. 15)
gemischte Schokolinsen und -plättchen
Band zum Verzieren

2 runde Springformen (20 cm Durchmesser), gefettet, Boden mit Backpapier ausgelegt
Muffinblech mit 12 Vertiefungen, ausgelegt mit 6 Papierförmchen und 1 Mini-Papierförmchen

FÜR 10 PERSONEN

Ofen auf 180 °C (Gas: Stufe 3) vorheizen.

Teig für die Rührkuchen getrennt vorbereiten, die große Menge in die Kuchenformen geben und die kleine auf die Papierförmchen verteilen. Die Kuchen etwa 30 Minuten, die Muffins 25 Minuten und den Mini-Muffin 15 Minuten auf mittlerer Schiene backen, bis an einem in die Mitte der Kuchen gesteckten Spießchen keine Teigreste mehr hängen bleiben. Kuchen 10 Minuten in den Formen abkühlen lassen, dann auf Gitterroste stürzen. Kuchen wieder umdrehen und auskühlen lassen.

Falls nötig, mit einem langen Sägemesser die Kuchen auf gleiche Höhe schneiden. Einen Kuchen auf eine Tortenplatte legen und 3–4 Esslöffel Schokoladencreme darauf verteilen. Den zweiten Kuchen daraufsetzen. 3/4 der restlichen Schokoladencreme mit einem Palettenmesser auf Oberseite und Seiten gleichmäßig verteilen.

Papierförmchen von einem Muffin abziehen und diesen waagerecht halbieren. Je 1 Hälfte als Ohr an jede Kopfseite setzen. 2 weitere Muffins glasieren und auf die halbierten Muffins setzen – sie sollten etwa die gleiche Höhe wie der Teddykopf haben.

Mini-Muffin aus dem Papierförmchen lösen, mit Glasur überziehen und als Nase in die Mitte des Kuchens setzen. Schokolinsen und -plättchen als Augen, Mund und Ohren auf dem Gesicht verteilen. Das Band zu einer Schleife binden und unten an das Teddygesicht legen.

Diese tierisch lustigen Cupcakes sind ganz leicht herzustellen. Sie brauchen dazu nur einige Spritzbeutel, Tüllen und eine ruhige Hand. Die Cupcakes können im Voraus gebacken und unglasiert in Plastikbehältnissen im Gefrierfach gelagert werden.

Kätzchen-Cupcakes

1 Portion Vanille-Rührkuchen (groß, S. 11)
1 Portion Buttercreme (S. 14)
braune Lebensmittelfarbe
schwarze Lebensmittelfarbe
2 kleine Lakritzstäbchen
12 Schokolinsen
schwarze Zuckerschrift

3 Spritzbeutel mit Sterntülle
Muffinblech mit 12 Vertiefungen, ausgelegt mit Papierförmchen
Mini-Muffinblech mit 12 Vertiefungen, ausgelegt mit Mini-Papierförmchen

ERGIBT 12 STÜCK

Ofen auf 180 °C (Gas: Stufe 3) vorheizen.

Teig für den Vanille-Rührkuchen vorbereiten und jedes Papierförmchen mit 1 gehäuften Esslöffel sowie die Miniförmchen mit je 1 gehäuften Teelöffel Teig füllen. Die Cupcakes etwa 20–25 Minuten, die Mini-Cupcakes 10–15 Minuten auf mittlerer Schiene backen. An einem in die Mitte der Kuchen gesteckten Spießchen sollten keine Teigreste mehr hängen bleiben. 10 Minuten in den Blechen, dann auf Gitterrosten auskühlen lassen.

Buttercreme auf 3 Schüsseln verteilen, mit den Lebensmittelfarben Braun und Grau einfärben (S. 17), die dritte ungefärbt lassen.

Gefärbte Buttercreme in die Spritzbeutel füllen. Buttercreme vom Rand zur Mitte des Cupcakes in geraden Linien so spritzen, dass eine kleine Kuppel entsteht – 4 Cupcakes mit brauner Buttercreme verzieren, 4 mit grauer und 4 mit heller Creme. Buttercreme für die Mini-Cupcakes übrig lassen.

Mit den Mini-Cupcakes ebenso verfahren und auf jedes dieser Teilchen Ohren spritzen.

Lakritze für die Nasen in kleine Stücke schneiden und an den Mini-Cupcakes festdrücken. Schokolinsen halbieren und in die Ohren setzen. Mit schwarzer Zuckerschrift auf jeden Mini-Cupcake Augen und Schnurrbarthaare malen. Die Mini-Cupcakes schräg auf die Cupcakes setzen und vorsichtig andrücken, bis sie fest sitzen.

Dieser Kuchen ist das Größte für jeden Dinosaurierfan! Waffelplättchen mit Schokoladenüberzug finden Sie im Supermarkt – sie eignen sich ideal als Rückenstacheln. Garnieren Sie die Servierplatte mit Schokokieseln.

Grüner Dinosaurier

- 1 Portion Vanille-Rührkuchen (extragroß, S. 11)
- 1 Portion Buttercreme (S. 14)
- grüne Lebensmittelfarbe
- braune Lebensmittelfarbe
- 14 Mini-Schokoladentropfen
- Waffelplättchen mit Schokoladenüberzug
- grüne Weingummirauten
- Schokoladenstreusel
- grüne Zuckerstreusel
- 2 weiße Schokoladenplättchen
- schwarze Zuckerschrift

2 runde Springformen (Durchmesser 23 cm), gefettet, Boden mit Backpapier ausgelegt
Spritzbeutel mit Sterntülle

ERGIBT 10–12 PORTIONEN

Ofen auf 180 °C (Gas: Stufe 3) vorheizen.

Teig für den Vanille-Rührkuchen vorbereiten und auf die Springformen verteilen. Auf mittlerer Schiene 35–40 Minuten backen, bis an einem in die Mitte der Kuchen gesteckten Spießchen kein Teig mehr hängen bleibt. 10 Minuten in den Formen abkühlen lassen, dann auf Gitterroste stürzen. Kuchen umdrehen und auskühlen lassen, dann über Nacht in einem luftdichten Behälter aufbewahren.

Am nächsten Tag den Dinosaurier zusammensetzen (siehe Vorlage auf S. 20). Falls nötig, die Kuchen mit einem scharfen Messer auf dieselbe Höhe schneiden. Kuchen mit den Schnittflächen aufeinanderlegen. Ein Drittel abschneiden und beiseite legen. Schichten wieder auseinandernehmen und etwas Buttercreme auf einer Schnittfläche verteilen. Die Kuchen damit zusammenkleben und mit der flachen Seite aufrecht in die Mitte einer Servierplatte setzen.

Die beiseite gelegten Kuchenstücke ähneln in der Form Orangenspalten. Eine „Spalte" in 2 Dreiecke schneiden. Diese mit etwas Buttercreme zusammenkleben und als Dinosaurierkopf aufrecht auf die Platte stellen. Von der geraden Seite des zweiten Kuchenstücks 4 Streifen abschneiden und diese mit Buttercreme als Beine an beiden Seiten des Dinosauriers befestigen. Das restliche Stück in 2 grobe Dreiecke schneiden, mit etwas Buttercreme zusammenkleben und aufrecht als Schwanz hinstellen.

4 Esslöffel Buttercreme beiseite stellen. Restliche Buttercreme grün einfärben (S. 17). Grüne Creme in einen Spritzbeutel füllen und den Dinosaurier mit Rosetten bedecken. Beiseite gestellte Buttercreme braun färben und damit „Füße" anbringen. Mini-Schokoladentropfen als Krallen hineindrücken.

Schokoladenwaffelplättchen als Rückenstacheln in einer Linie in den Rücken stecken und die grünen Weingummirauten zwischen die Waffeln setzen. Schokoladen- und Zuckerstreusel über den Dinosaurier streuen. Weiße Schokoladenplättchen als Augen ins Gesicht setzen und mit schwarzer Schrift Pupillen und Maul hinzufügen. Zwei Mini-Schokoladentropfen als Nüstern anbringen.

Für dieses Rezept brauchen Sie nur einen Muffin. Wenn Sie gleich mehrere backen, können Sie die übrigen entweder einfrieren oder glasiert zum Igel servieren. Oder Sie kaufen zusätzliche Schokostäbchen und machen aus den Muffins Baby-Igel!

Pfefferminz-Igel

1 Portion Vanille- oder Schokoladen-Rührkuchen (groß, S. 11)
1 Portion Vanille- oder Schokoladen-Rührkuchen (klein, S. 11)
1 Portion Schokoladencreme (S. 15)
Schokoladenstreusel
500 g Schokoladen-Pfefferminz-Stäbchen
3 Schokoladentropfen

ofenfeste Glasschüssel (2 l), gefettet und bemehlt
Muffinblech mit 6 Vertiefungen, ausgelegt mit Papierförmchen

FÜR 10 PERSONEN

Ofen auf 180 °C (Gas: Stufe 3) vorheizen.

Teig für die Rührkuchen getrennt vorbereiten, die große Menge in die Schüssel geben und die kleine auf die Papierförmchen verteilen. Den Kuchen 1 Stunde und die Muffins 20–25 Minuten auf mittlerer Schiene backen, bis an einem in die Mitte der Kuchen gesteckten Spießchen keine Teigreste mehr hängen bleiben. 10 Minuten in der Schüssel bzw. im Blech abkühlen lassen, dann auf Gitterroste stürzen. Die Kuchen wieder umdrehen und auskühlen lassen.

Falls nötig, mit einem langen Sägemesser die Unterseite des Kuchens gerade schneiden. Kuchen waagerecht in 3 gleich dicke Schichten schneiden und mit je 3 Esslöffeln Schokoladencreme zusammenkleben.

Kuchen auf einen Servierteller legen und mit einem Palettenmesser gleichmäßig mit Schokoladencreme überziehen.

Papierförmchen von einem Muffin abziehen und das kuppelförmige Oberteil abschneiden. Auf die Schnittfläche legen und gleichmäßig mit Schokoladencreme überziehen. Mit Schokoladenstreuseln bestreuen und als Kopf neben den Kuchen auf die Platte setzen.

Pfefferminzstäbchen halbieren und als Stacheln in den Igel stecken. Schokoladentropfen als Augen und Nase anbringen.

Dieser Kuchen ist ganz leicht herzustellen und lässt sich gut am Festtag backen. Sie brauchen nur einen Muffin dafür, den Rest frieren Sie für später ein.

Schäfchen

1 Portion Vanille-Rührkuchen (groß, S. 11)
1 Portion Vanille-Rührkuchen (klein, S. 11)
1 Portion Buttercreme (S. 14)
600 g weiße Mini-Marshmallows
2 rosa Marshmallows
Schokoladenstreusel
schwarze Zuckerschrift
2 Schokoladentropfen

ofenfeste Glasschüssel (2 l), gefettet und bemehlt
Muffinblech mit 6 Vertiefungen, ausgelegt mit Papierförmchen
4 Cocktailstäbchen

FÜR ETWA 10 PERSONEN

Ofen auf 180 °C (Gas: Stufe 3) vorheizen.

Teig für die Vanille-Rührkuchen getrennt vorbereiten, die große Menge in die Schüssel geben und die kleine auf die Papierförmchen verteilen. Den Kuchen 1 Stunde und die Muffins 20–25 Minuten auf mittlerer Schiene backen, bis an einem in die Kuchen gesteckten Spießchen keine Teigreste mehr hängen bleiben. 10 Minuten abkühlen lassen, dann auf Gitterroste stürzen. Kuchen umdrehen und auskühlen lassen.

Falls nötig, mit einem langen Sägemesser die Unterseite des Kuchens begradigen. Kuchen mit der Schnittfläche nach unten auf eine Tortenplatte legen und mithilfe eines Palettenmessers mit Buttercreme überziehen.

Papierförmchen von einem Muffin abziehen (restliche Muffins einfrieren). Muffin mit Buttercreme überziehen, als Kopf auf das Schaf setzen und diesen vorsichtig mit einem Cocktailstäbchen befestigen.

Mini-Marshmallows auf Körper und Kopf des Schafs verteilen, Gesicht frei lassen. Einen rosa Marshmallow vorsichtig mit Buttercreme überziehen und als Schnauze mit einem Cocktailstäbchen im Gesicht befestigen.

Gesicht und Schnauze mit Schokoladenstreuseln bestreuen, diese leicht andrücken.

Für die Ohren den zweiten rosa Marshmallow halbieren, die Enden zusammendrücken und mit Cocktailstäbchen an den Kopfseiten befestigen.

Mit schwarzer Zuckerschrift Konturen von Schnauze und Mund nachziehen und Schokoladentropfen als Augen befestigen.

Die Teigmenge in diesem Rezept reicht für den Hund sowie für acht Mini-Muffins. Für den Hund brauchen Sie nur einen Muffin, die anderen können eingefroren oder für zusätzliche Törtchen verwendet werden.

Kokos-Hund

1 Portion Vanille-Rührkuchen (groß, S. 11)
200 g Kokosraspel
4 fertige Mini-Biskuitrollen
1 Portion Buttercreme (S. 14)
rote Lebensmittelfarbe
essbare Silberkugeln
12 Mini-Schokoladentropfen
2 weiße Schokoladentropfen
schwarze Zuckerschrift
2 Waffelplättchen mit Schokoladenüberzug

2 Puddingformen (1,2 l und 275 ml), gefettet und bemehlt
Mini-Muffin-Blech mit 12 Vertiefungen, ausgelegt mit 8 Papierförmchen
Cocktailstäbchen
Spritzbeutel mit Sterntülle

FÜR 12 PERSONEN

Ofen auf 180 °C (Gas: Stufe 3) vorheizen.

Teig für den Vanille-Rührkuchen vorbereiten und die Formen damit bis zu 2/3 füllen. Mit dem restlichen Teig die Mini-Muffin-Förmchen füllen (jeweils 1½–2 Teelöffel). Die Mini-Muffins 10–15 Minuten, die kleine Form 30 Minuten und die große Form etwa 40–45 Minuten auf mittlerer Schiene backen, bis an einem in die Mitte der Kuchen gesteckten Spießchen keine Teigreste mehr hängen bleiben. 10 Minuten in den Formen bzw. im Blech abkühlen lassen, dann auf Gitterroste stürzen und auskühlen lassen.

Kokosraspel ohne Fett in eine Pfanne geben und hellbraun rösten, dabei häufig wenden, damit sie nicht anbrennen. Kühl stellen.

Falls nötig, die Kuchen mit einem langen Sägemesser auf dieselbe Höhe schneiden. Den größeren mit der Schnittfläche nach unten auf eine große Platte legen.

Den kleineren Kuchen mit der Schnittfläche nach unten auf ein Brett legen. An zwei Seiten keilförmig abschneiden, sodass eine Schnauze entsteht. Den Kopf mit der Schnittfläche nach unten leicht nach vorn versetzt auf den Körper drücken und mit Cocktailstäbchen befestigen.

Papierförmchen von einem Mini-Muffin abziehen und diesen mit Cocktailstäbchen an der Schnauze befestigen. Biskuitrollen (2 Stück aufrecht vorn und 2 flach hinten) als Beine anlegen.

3–4 Esslöffel Buttercreme in einer Schale beiseite stellen. Den Hund mit der restlichen Buttercreme überziehen und diese mit einem Palettenmesser gleichmäßig verteilen. Geröstete Kokosraspel auf die Buttercreme streuen und leicht andrücken.

Beiseite gestellte Buttercreme mit der roten Lebensmittelfarbe einfärben (S. 17) und in den Spritzbeutel füllen. Als Halsband rote Rosetten rings um den Hals spritzen und mit Silberkugeln dekorieren.

Für die Krallen Mini-Schokoladentropfen sowie für die Augen weiße Schokoladentropfen verwenden. Mit schwarzer Zuckerschrift Pupillen, Nase und Mund aufmalen. Zum Schluss die beiden Schokoladenwaffelplättchen als Ohren am Kopf anbringen.

Ein idealer Anfängerkuchen, da man dafür nur zwei Springformen braucht und ihn nicht aufwendig zusammensetzen oder glasieren muss. Kleine Kinder werden ihn lieben. Mit brauner oder schwarzer Lebensmittelfarbe wird daraus ein Tiger oder ein schwarzer Kater. Man kann ihn auch gut mit Schokoladencreme (S. 15) überziehen.

Zuckermieze

- 1 Portion Vanille-Rührkuchen (mittel, S. 11)
- 1 Portion Vanille-Rührkuchen (groß, S. 11)
- 1 Portion Buttercreme (S. 14)
- orange Lebensmittelfarbe
- 2 grüne Weingummipastillen
- 1 kleines Stück Lakritz
- 1 lange Lakritzschnur
- schwarze Zuckerschrift

2 runde Springformen (Durchmesser 18 und 23 cm), gefettet, Boden mit Backpapier ausgelegt

FÜR 12–14 PERSONEN

Ofen auf 180 °C (Gas: Stufe 3) vorheizen.

Teig für den Vanille-Rührkuchen getrennt vorbereiten, die mittlere Menge in die kleinere und die große Menge in die größere Form geben. Den kleineren Kuchen 30 Minuten, den größeren 35–40 Minuten auf mittlerer Schiene backen, bis an einem in die Mitte gesteckten Spießchen keine Teigreste mehr hängen bleiben. 10 Minuten in den Formen abkühlen lassen, auf Gitterroste stürzen und auskühlen lassen.

4–5 Esslöffel Buttercreme in einer kleinen Schüssel beiseite stellen. Restliche Creme mit Lebensmittelfarbe orange einfärben (S. 17).

Mit einem langen Sägemesser die Kuchen auf dieselbe Höhe schneiden. Kuchen auf eine Servierplatte legen. Vom größeren Kuchen etwa ein Drittel blattförmig ausschneiden (siehe Vorlage auf S. 20). Den kleineren Kuchen in diese Rundung einpassen. Das blattförmige Stück in 2 Dreiecke teilen und als Ohren an den kleineren Kuchen setzen.

Katze mithilfe eines Palettenmessers gleichmäßig mit gefärbter Buttercreme überziehen. Die beiseite gestellte Buttercreme vorsichtig auf dem Bauch und auf den Ohren verteilen.

Weingummipastillen als Augen auf das Gesicht setzen. Lakritzstück für die Nase in dünne Scheiben schneiden und die Lakritzschnur als Maul und Schwanz anbringen. Mit der schwarzen Zuckerschrift feine Schnurrbarthaare ziehen und Pupillen in die grünen Augen setzen.

Als Vorlage für diesen Kuchen können Sie das Bild links verwenden. Fotokopieren und vergrößern Sie es auf Kuchengröße und schneiden Sie es als Schablone aus. Backen Sie den Kuchen einen Tag im Voraus und wickeln Sie ihn nach dem Auskühlen in Klarsichtfolie. Dann sollten Sie ihn über Nacht im Kühlschrank aufbewahren, damit er sich leichter ausschneiden lässt. Die Kuchenplatte können Sie passend dazu mit Pailletten und Glitzersteinchen dekorieren.

Indischer Elefant

1 Portion Vanille-Rührkuchen (extragroß, S. 11)
1 Portion Buttercreme (S. 14)
schwarze Lebensmittelfarbe
rote Lebensmittelfarbe
schwarze, weiße, rote und gelbe Zuckerschrift
essbare silberne und bunte Kugeln
bunte Süßigkeiten

1 rechteckige Backform (33 x 23 x 6 cm), gefettet, Boden mit Backpapier ausgelegt
Spritzbeutel mit Sterntülle

FÜR 12 PERSONEN

Ofen auf 180 °C (Gas: Stufe 3) vorheizen.

Teig für den Rührkuchen herstellen und in die Backform geben. Auf mittlerer Schiene 40 Minuten backen, bis an einem in die Mitte gesteckten Spießchen keine Teigreste mehr hängen bleiben. 10 Minuten in der Form abkühlen lassen, dann auf einen Gitterrost stürzen. Kuchen wieder umdrehen und gut auskühlen lassen, in Klarsichtfolie wickeln und über Nacht im Kühlschrank aufbewahren.

Den Elefanten abpausen oder kopieren und vergrößern. Vorlage ausschneiden, auf den Kuchen legen und diesen mit einem kleinen, scharfen Messer sorgfältig ausschneiden. Die Schnittreste anderweitig verwenden.

1/4 der Buttercreme beiseite stellen, Rest mit etwas schwarzer Lebensmittelfarbe grau einfärben (S. 17). Den Elefanten mit einem Palettenmesser mit Buttercreme überziehen.

3–4 Esslöffel der beiseite gestellten Buttercreme in eine kleine Schüssel geben und mit roter Lebensmittelfarbe einfärben. In den Spritzbeutel füllen und Rosetten als Kappe auf den Elefantenkopf spritzen.

Die restliche, helle Buttercreme als Satteldecke auf dem Elefantenrücken verteilen. Mit den Zuckerschriften Zierlinien auf Beine und Rüssel malen und die Satteldecke mit Quasten verzieren.

Stoßzahn mit weißer Schrift ausfüllen. Ebenfalls mit weißer Schrift ein Auge malen, mit schwarzer Schrift Pupille darauf setzen. Elefant mit silbernen und bunten Kugeln und die Satteldecke mit Süßigkeiten verzieren.

Fahrzeuge

SAM

Sie können diesen Kuchen auch mit der Schokoladencreme von Seite 15 überziehen statt mit dunkler Buttercreme. Kopieren Sie einfach die Lieblings-Piratenflagge Ihres Kindes und befestigen Sie sie an Holzspießen.

Piratenschiff

1 Portion Vanille-Rührkuchen (extragroß, S. 11)
1 Portion Buttercreme (S. 14)
schwarze Lebensmittelfarbe
2 gitterförmige Schokoladenkekse
rote Zuckerschrift
gelbe Zuckerschrift
Schokolinsen
Lakritze mit Schachbrettmuster
25 g Zartbitterschokolade, grob gehackt

rechteckige Backform (33 x 23 x 6 cm), gefettet, Boden mit Backpapier ausgelegt
Totenkopfflaggen in verschiedenen Größen
3–4 Holzspieße
Klebstoff

FÜR 12–14 PERSONEN

Ofen auf 180 °C (Gas: Stufe 3) vorheizen.

Teig für den Vanille-Rührkuchen herstellen und in die Backform geben. Kuchen etwa 45 Minuten auf mittlerer Schiene backen, bis an einem in die Mitte des Kuchens gesteckten Spießchen keine Teigreste mehr hängen bleiben. 10 Minuten in der Form abkühlen lassen, dann auf einen Gitterrost stürzen. Kuchen wieder umdrehen und auskühlen lassen.

Falls nötig, mit einem langen Sägemesser den Kuchen oben gerade schneiden.

Den Kuchen nach der Anleitung auf Seite 18–19 schneiden und zusammensetzen. Die Stücke mit Buttercreme zusammenkleben.

Restliche Buttercreme mit schwarzer Lebensmittelfarbe einfärben (S. 17). Den Kuchen mithilfe eines Palettenmessers gleichmäßig mit der Creme überziehen.

Die Lücke für die Reling an der Längsseite des Schiffes ausmessen und Gitterkekse entsprechend zuschneiden. Kekse als Reling in die Buttercreme drücken.

Piratenschiff mit roter und gelber Zuckerschrift verzieren. Schokolinsen am Bug befestigen. Schachbrettlakritze in Scheiben schneiden und als Bullaugen an die Seiten drücken.

Für die Planke die Schokolade in eine ofenfeste Schüssel geben, diese auf einem Topf mit leicht siedendem Wasser stellen (der Boden darf das Wasser nicht berühren). Schokolade schmelzen und auf Backpapier zu einem Rechteck verstreichen, im Kühlschrank 20–30 Minuten erstarren lassen und mit einem heißen Messer eine Planke ausschneiden. Vorsichtig in die Schiffsseite stecken.

Totenkopfflaggen beidseitig an die Holzspieße kleben und in das Schiff stecken.

Bella

Dieses Auto ist im 50er-Jahre-Stil dekoriert, aber Sie können auch eine Schablone von einem Lieblingsauto anfertigen und die Buttercreme entsprechend einfärben.

50er-Jahre-Auto

1 Portion Vanille-Rührkuchen (extragroß, S. 11)
1 Portion Buttercreme (S. 14)
rosa Lebensmittelfarbe
roter saurer Streifen
schwarze Zuckerschrift
silberne Zuckerschrift
2 bunt bestreute Schokolinsen
essbare Silberkugeln
rote Zuckerschrift
rosa Lakritzstange

rechteckige Backform (33 x 23 x 6 cm), gefettet, Boden mit Backpapier ausgelegt

FÜR 12 PERSONEN

Ofen auf 180 °C (Gas: Stufe 3) vorheizen.

Teig für den Vanille-Rührkuchen vorbereiten und in die Backform geben. Kuchen etwa 45 Minuten auf mittlerer Schiene backen, bis an einem in die Mitte des Kuchens gesteckten Spießchen keine Teigreste mehr hängen bleiben. 10 Minuten in der Form abkühlen lassen, dann auf einen Gitterrost stürzen. Kuchen wieder umdrehen und auskühlen lassen.

Falls nötig, den Kuchen mit einem langen Sägemesser oben begradigen. Papierschablone in Autoform ausschneiden, auf den Kuchen legen und Umrisse mit einem kleinen, scharfen Messer vorsichtig ausschneiden. Die Schnittreste anderweitig verwenden.

2–3 Esslöffel Buttercreme in einer kleinen Schüssel beiseite stellen. Restliche Buttercreme mit rosa Lebensmittelfarbe einfärben (S. 17) und den Autokuchen mithilfe eines Palettenmessers gleichmäßig mit der Buttercreme überziehen.

Roten sauren Streifen über das Auto legen, andrücken und überstehende Stücke mit einem scharfen Messer abschneiden. Mit schwarzer und silberner Schrift die Konturen von Türen, Fenstern und Rädern ziehen.

Beiseite gestellte helle Buttercreme als Räder kreisförmig verstreichen und die bunten Schokolinsen und Silberkugeln als Radkappen festdrücken.

Autokonturen und sauren Streifen mit roter Schrift nachziehen. Silberkugeln als Türgriffe und Scheinwerfer anfügen. Mit roter Schrift einen Namen auf das Auto schreiben. Rosa Lakritzstange als Auspuff anbringen.

Sie können Ihrer Fantasie freien Lauf lassen und den Ballon in beliebig vielen Farben verzieren.

Heißluftballon

1 Portion Vanille-Rührkuchen (extragroß, S. 11)
1 Portion Buttercreme (S. 14)
braune Lebensmittelfarbe
rote Lebensmittelfarbe
grüne Lebensmittelfarbe
blaue Lebensmittelfarbe
gelbe Lebensmittelfarbe
lila Lebensmittelfarbe
schwarze Zuckerschrift
8 Schokoladenstäbchen, 5 cm lang

Backform (33 x 23 x 6 cm), gefettet, Boden mit Backpapier ausgelegt

FÜR 12 PERSONEN

Ofen auf 180 °C (Gas: Stufe 3) vorheizen.

Teig für den Vanille-Rührkuchen vorbereiten und in die Backform geben. Kuchen etwa 45 Minuten auf mittlerer Schiene backen, bis an einem in die Mitte gesteckten Spießchen keine Teigreste mehr hängen bleiben. Kuchen 10 Minuten in der Form abkühlen lassen, dann auf einen Gitterrost stürzen. Kuchen wieder umdrehen und auskühlen lassen.

3–4 Esslöffel Buttercreme in eine Schüssel geben und mit brauner Lebensmittelfarbe einfärben (S. 17). Restliche Buttercreme auf 5 Schüsseln verteilen und jede in einer anderen Farbe einfärben.

Nach der Vorlage auf Seite 21 einen Ballon abpausen und vergrößern. Schablone ausschneiden, auf den Kuchen legen und Umrisse mit einem scharfen Messer ausschneiden. Die restlichen beiden Eckstücke in gleich große Dreiecke schneiden (S. 21) und mit etwas Buttercreme für den Korb zu einem Quadrat zusammenkleben. Ballon auf eine große Kuchenplatte legen und die bunte Buttercreme mit einem schmalen Messer in Streifen auf dem Ballon verstreichen. Mit schwarzer Zuckerschrift Linien zwischen den Streifen ziehen. Unterseite des Ballons mit brauner Buttercreme überziehen. Die Schokoladenstäbchen in die Ballonunterseite drücken.

Das Quadrat für den Korb unter den Ballon legen, mit brauner Buttercreme überziehen und mit der Gabel ein wellenförmiges Korbmuster hineinziehen. Korb vorsichtig an die Schokoladenstäbchen drücken.

Der Traktor steht im Mittelpunkt der Fest-
tafel – wenn Sie ringsum Plastiktiere arran-
gieren, wird daraus ein ganzer Bauernhof.

Grüner Traktor

- 1 Portion Vanille-Rührkuchen (extragroß, S. 11)
- 1 Portion Vanille-Rührkuchen (klein, S. 11)
- 1 Rezept Buttercreme (S. 14)
- grüne Lebensmittelfarbe
- 4 EL Himbeer- oder Aprikosenkonfitüre
- schwarze Lebensmittelfarbe
- 4 runde gelbe Weingummis
- 1 gedrehtes Stück Lakritze
- schwarze Zuckerschrift
- gelbe Zuckerschrift
- 4 gelbe Schokolinsen
- Schokoladenstreusel

rechteckige Backform (33 x 23 x 6 cm), gefettet, Boden mit Backpapier ausgelegt
Muffinblech mit 6 Vertiefungen, ausgelegt mit 2 Papierförmchen und 2 Mini-Papierförmchen
Spritzbeutel mit Sterntülle

FÜR 12–14 PERSONEN

Ofen auf 180 °C (Gas: Stufe 3) vorheizen.

Teig für die Vanille-Rührkuchen getrennt vorbereiten, die extragroße Menge in die Kuchenform geben und die kleine auf die Papierförmchen verteilen. Den Kuchen etwa 45 Minuten, die Muffins 20–25 Minuten auf mittlerer Schiene backen, bis an einem in die Mitte gesteckten Spießchen kein Teig mehr hängen bleibt. 10 Minuten in den Formen abkühlen lassen, dann auf Gitterroste stürzen. Kuchen umdrehen und auskühlen lassen.

Die Oberseite des Kuchens mit einem scharfen Messer begradigen, falls nötig. Kuchen nach der Vorlage auf Seite 21 mit einem langen Sägemesser in 2 etwa 33 x 11 cm große Rechtecke schneiden. Die Stücke aufeinanderlegen und von einem Ende ein 11 x 11 cm großes Quadrat abschneiden.

1/4 der Buttercreme in einer kleinen Schüssel beiseite stellen. Den Rest mit grüner Lebensmittelfarbe einfärben (S. 17).

Ein großes Kuchenrechteck auf eine Servierplatte legen und mit 2 Esslöffeln Konfitüre bestreichen. Das zweite große Rechteck darauflegen. Die beiden kleinen Quadrate mit 1 Esslöffel Konfitüre zusammenkleben und auf ein Ende des großen Kuchens legen, dabei mit der restlichen Konfitüre festkleben. Mit einem langen Sägemesser die Windschutzscheibe des Traktors leicht schräg zuschneiden.

Den Kuchen mithilfe eines Palettenmessers mit grüner Buttercreme überziehen.

Restliche Buttercreme mit schwarzer Lebensmittelfarbe einfärben. Creme an Seiten und Front des Traktors vorsichtig als Fenster und Windschutzscheibe verstreichen.

Papierförmchen von den Muffins abziehen. Oberteile der Muffins abschneiden, die Mini-Muffins vorn und die normalen hinten als Räder an den Traktor legen. Spritzbeutel mit der restlichen schwarzen Buttercreme füllen und zur Mitte hin Streifen auf die Räder spritzen. Je 1 gelbes Weingummi als Radkappe in die Mitte setzen. Lakritzstück als Auspuff in die Motorhaube stecken. Traktor mit den Zuckerschriften verzieren. Schokolinsen als Scheinwerfer andrücken.

Schokoladenstreusel auf der Platte als Erde rings um den Traktor verteilen.

Die Herstellung dieser kleinen Lokomotiven ist ziemlich zeitaufwendig, deshalb sollten Sie nicht allzu viele kleine Partygäste einladen. Backen Sie den Kuchen am Tag vor dem Zusammensetzen und legen Sie ihn nach dem Auskühlen über Nacht in Klarsichtfolie gehüllt in den Kühlschrank. Das erleichtert das Schneiden, Zusammensetzen und Glasieren.

Lokomotiven

1 Portion Vanille-Rührkuchen (groß, S. 11)
10 EL Himbeer- oder Aprikosenkonfitüre
10 fertige Mini-Biskuitrollen
1 Portion Buttercreme (S. 14)
rote Lebensmittelfarbe
grüne Lebensmittelfarbe
blaue Lebensmittelfarbe
schwarze Zuckerschrift
Schokolinsen
Lakritzkonfekt als Räder und Schornsteine

rechteckige Backform (33 x 23 x 6 cm), gefettet, Boden mit Backpapier ausgelegt

ERGIBT 10 STÜCK

Ofen auf 180 °C (Gas: Stufe 3) vorheizen.

Teig für den Vanille-Rührkuchen vorbereiten und in die Backform geben. Kuchen auf mittlerer Schiene 20–30 Minuten backen, bis an einem in die Mitte des Kuchens gesteckten Spießchen keine Teigreste mehr hängen bleiben. 10 Minuten in der Form abkühlen lassen, dann auf einen Gitterrost stürzen. Kuchen wieder umdrehen und auskühlen lassen.

Falls nötig, Oberseite und Seiten mit einem scharfen Messer gerade schneiden.

Kuchen auf ein Brett legen und quer in 4 cm breite Streifen schneiden (siehe Vorlage auf S. 21). Insgesamt ergeben sich 7 Streifen. Jeden Streifen in 3 Rechtecke schneiden, sodass sich 21 Rechtecke von 7 x 4 cm ergeben.

Ein Rechteck auf die Arbeitsfläche legen und 1 Esslöffel Konfitüre auf die Oberseite und an eine Stirnseite streichen. Ein zweites Rechteck aufrecht an das Ende mit der Konfitüre setzen und andrücken. Eine Mini-Biskuitrolle als Kessel auf das mit Konfitüre bestrichene Rechteck legen. Auf diese Weise insgesamt 10 Lokomotiven herstellen. Das letzte Rechteck darf genascht werden!

Buttercreme auf 3 Schüsseln verteilen und unterschiedlich einfärben (S. 17). Jede Lokomotive mit einem kleinen Palettenmesser mit Creme überziehen. Mit Zuckerschrift verzieren, Fensterkonturen ziehen und die Namen der Gäste auf die Kessel schreiben. Schokolinsen als Scheinwerfer und Lakritzkonfekt als Räder an die Seiten drücken sowie als Schornsteine in die Kessel stecken.

SAM
JACK
BILLY

4

Dieser Kuchen kann am Vortag gebacken und am Festtag glasiert werden. Die Leiter sollte jedoch im Gefrierschrank gelagert und erst direkt vor dem Servieren angebracht werden, damit sie stehen bleibt.

Feuerwehrauto

1 Portion Vanille-Rührkuchen (extragroß, S. 11)
1 Portion Buttercreme (S. 14)
rote Lebensmittelfarbe
3 EL Himbeer- oder Aprikosenkonfitüre
4 Lakritzschnecken
rundes und quadratisches Lakritzkonfekt
schwarze Zuckerschrift
gelbe Zuckerschrift
Schokolinsen
blaue Lebensmittelfarbe
gelbe Lebensmittelfarbe
Puderzucker zum Ausrollen
100 g ausrollfertige Fondantglasur
1 gitterförmiger Schokoladenkeks, tiefgefroren

Backform (33 x 23 x 6 cm), gefettet, Boden mit Backpapier ausgelegt
Spritzbeutel mit kleiner Lochtülle

FÜR 12–14 PERSONEN

Ofen auf 180 °C (Gas: Stufe 3) vorheizen.

Teig für den Vanille-Rührkuchen vorbereiten und in die Backform geben. Kuchen auf mittlerer Schiene 45 Minuten backen, bis an einem in die Mitte gesteckten Spießchen keine Teigreste mehr hängen bleiben. Kuchen 10 Minuten in der Form abkühlen lassen, dann auf einen Gitterrost stürzen. Kuchen wieder umdrehen und auskühlen lassen.

Falls nötig, Oberseite und Seiten mit einem langen, scharfen Messer gerade schneiden.

Mit einem langen Sägemesser den Kuchen in 2 Rechtecke von etwa 33 x 11 cm schneiden (siehe Vorlage auf S. 20). Die beiden Stücke aufeinanderlegen und von einem Ende ein Rechteck von etwa 9 x 11 cm abschneiden. Das zweite kleine Rechteck ist übrig und darf vernascht werden!

2 Esslöffel Buttercreme in einer kleinen Schüssel beiseite stellen. Restliche Creme leuchtend rot einfärben (S. 17).

Ein großes Kuchenrechteck auf eine Servierplatte legen und 2 Esslöffel Konfitüre darauf verstreichen. Das zweite große Rechteck darauflegen. Kleines Rechteck mit 1 Esslöffel Konfitüre bestreichen und bündig auf das große Kuchenstück legen.

Gesamten Kuchen mit einem Palettenmesser mit roter Buttercreme überziehen. An jeder Seite 2 Lakritzschnecken als Räder anbringen und die anderen Lakritzstücke als Leiterplattform und Blaulichter auf dem Kuchen platzieren. Fensterkonturen mit schwarzer und gelber Zuckerschrift ziehen. Schokolinsen an der Front als Scheinwerfer anbringen.

Beiseite gestellte Buttercreme blau färben, in den Spritzbeutel füllen und seitlich die Kotflügel sowie an der Frontseite den Kühlergrill damit spritzen.

Eine saubere Arbeitsfläche leicht mit Puderzucker bestäuben und die Fondantglasur weich kneten. Gelbe Lebensmittelfarbe zufügen und Glasur zu einer Schlange rollen. Diese als Schlauch hinten an das Feuerwehrauto legen, nach vorn führen und ein Stück aufrollen. Den eingefrorenen Schokoladenkeks als Leiter direkt vor dem Servieren oben auf den Kuchen stecken.

Diesen Kuchen können Sie mit Eiweißglasur (S. 15) oder Buttercreme (S. 14) überziehen – die strahlend weiße Eiweißglasur gepaart mit Wunderkerzen macht den Start besonders spektakulär!

Rakete

1 Portion Vanille-Rührkuchen (extragroß, S. 11)
1 Portion Eiweißglasur (S. 15) oder Buttercreme (S. 14)
rote Zuckerschrift
blaue und rote Schokolinsen
essbare Silberkugeln
Brause-Ufos
bunter Puffreis

rechteckige Backform (33 x 23 x 6 cm), gefettet, Boden mit Backpapier ausgelegt
silberne Kuchenkerzen

ERGIBT 12–14 STÜCK

Ofen auf 180 °C (Gas: Stufe 3) vorheizen.

Teig für den Vanille-Rührkuchen vorbereiten und in die Backform geben. Kuchen auf mittlerer Schiene 45 Minuten backen, bis an einem in die Mitte gesteckten Spießchen keine Teigreste mehr hängen bleiben. Kuchen 10 Minuten in der Form abkühlen lassen, dann auf einen Gitterrost stürzen. Kuchen wieder umdrehen und auskühlen lassen.

Falls nötig, die Oberseite mit einem langen, scharfen Messer begradigen. Kuchen auf einen großen Servierteller legen.

Nach der Vorlage auf Seite 21 eine Raketenform in der Größe des Kuchens auf ein Blatt Papier zeichnen. Schablone ausschneiden, auf den Kuchen legen und diesen mit einem scharfen Messer ausschneiden. Die abgeschnittenen Ecken als Antriebsdüsen zu beiden Seiten unten an die Rakete anlegen.

Eiweißglasur zügig mit einem Palettenmesser auf Oberseite und Seiten der Rakete verteilen. Düsen mit etwas Glasur ankleben.

Rakete mit roter Zuckerschrift verzieren und nach Belieben den Namen des Geburtstagskinds auf den Kuchen schreiben. Mit Schokolinsen und Silberkugeln dekorieren. Die Glasur 30 Minuten leicht erhärten lassen.

Die kleinen Kerzen von unten in die Rakete stecken. Brause-Ufos und Puffreis als Ufos und Sterne rings um die Rakete auf dem Servierteller verteilen. Kerzen vorsichtig anzünden und Kuchen sofort servieren.

TIM

Märchenland

Für die Karussellstangen werden Dübelstangen mit Bändern umwickelt, aber Sie können auch Zuckerstangen verwenden. Als Halterung für das Karusselldach brauchen Sie eine Papprolle und ein Stück Kuchenpappe von etwas weniger als 20 cm Durchmesser.

Magisches Karussell

1 Portion Vanille-Rührkuchen (extragroß, S. 11)
1 Portion Zuckerguss (S. 15)
1 Portion Lebkuchen- (S. 12) oder Butterkeksteig (S. 13), zu Pferdchen gebacken
glitzernde Zuckerschrift
schwarze Zuckerschrift
1 Portion Buttercreme (S. 14)
rosa Lebensmittelfarbe
blaue Lebensmittelfarbe
essbare Zuckerkugeln in Metallicfarben
1 Mini-Zucker-Ei
Zuckerblumen

2 runde Springformen (Durchmesser 20 und 23 cm), gefettet, Boden mit Backpapier ausgelegt
verschiedene Bänder
6 Dübelstangen (20 cm lang)
1 Papprolle (20 cm lang)
2 Spritzbeutel mit Sterntülle
aluminiumbeschichtete runde Kuchenpappe

ERGIBT 12–14 STÜCK

Ofen auf 180 °C (Gas: Stufe 3) vorheizen.

Teig für den Vanille-Rührkuchen vorbereiten und auf die Backformen verteilen. Den kleineren Kuchen 30–35 Minuten, den größeren 40 Minuten auf mittlerer Schiene backen, bis an einem in die Mitte gesteckten Spießchen keine Teigreste mehr hängen bleiben. Kuchen 10 Minuten in den Formen abkühlen lassen, dann auf Gitterroste stürzen.

Inzwischen die Pferdchen mit Zuckerguss überziehen und mit einem Löffelrücken glatt streichen. Mindestens 2 Stunden trocknen lassen. Pferde mit glitzernder Zuckerschrift verzieren und mit schwarzer Zuckerschrift Halfter und Augen zeichnen. Pferdchen 1 Stunde trocknen lassen.

Jede Dübelstange und die Papprolle mit einem Band umwickeln und die Enden mit Klebeband befestigen.

Den größeren Kuchen auf eine Servierplatte stellen. Falls nötig, Oberseite mit einem langen Sägemesser begradigen. Etwas weniger als die Hälfte der Buttercreme mithilfe eines Palettenmessers gleichmäßig auf der Kuchenoberseite und an den Seiten verteilen.

Restliche Buttercreme auf 2 Schüsseln verteilen, mit etwas Lebensmittelfarbe jeweils rosa und blau einfärben (S. 17) und in die Spritzbeutel füllen.

Den zweiten Kuchen auf die Kuchenpappe legen, die etwas kleiner sein sollte als der Kuchen (falls nötig, zurechtschneiden). Farbige Segmente aus Buttercremerosetten auf Oberseite und Seiten spritzen und mit gemischten Metallic-Kugeln bestreuen. Mit glitzernder Zuckerschrift feine Linien zwischen den Farbsegmenten ziehen. In die Mitte des Karusselldachs das Zucker-Ei setzen.

Zuckerblumen an den Seiten des unteren Kuchens verteilen und Rand mit kleinen Rosetten und Metallic-Kugeln verzieren.

Umwickelte Papprolle vorsichtig in die Mitte des unteren Kuchens stecken (bis zum Boden der Platte). Dübelstangen gleichmäßig verteilt am Kuchenrand bis zum Boden hineinstecken. Gegen jede Dübelstange ein glasiertes Pferdchen lehnen.

Direkt vor dem Servieren das Karusselldach ganz vorsichtig auf die Dübelstangen setzen. Kuchen sofort servieren.

Der ideale Kuchen für eine Party mit Hexen- und Zauberermotto. Dazu passen Zauberkerzen, die sich von selbst wieder entzünden!

Zauberbuch

1 Portion Schokoladen-Rührkuchen (extragroß, S. 11)
1 Portion Vanille-Rührkuchen (mittel, S. 11)
1 Portion Schokoladencreme (S. 15)
½ Portion Buttercreme (S. 14)
schwarze Zuckerschrift
silberne Zuckerschrift
essbare Silberkugeln
Zuckerstreusel und essbarer Glitzer in Orange
gemischte Halloween-Streudekoration

rechteckige Backform (33 x 23 x 6 cm), gefettet, Boden mit Backpapier ausgelegt
Spritzbeutel mit Sterntülle
Spritzbeutel mit kleiner Lochtülle

FÜR 20 PERSONEN

Ofen auf 180 °C (Gas: Stufe 3) vorheizen.

Teig für den Schokoladen-Rührkuchen vorbereiten und in die Backform geben. Kuchen auf mittlerer Schiene 45 Minuten backen, bis an einem in die Mitte gesteckten Spießchen keine Teigreste mehr hängen bleiben. Ofen eingeschaltet lassen. Kuchen 10 Minuten in der Form abkühlen lassen, dann auf einen Gitterrost stürzen. Kuchen wieder umdrehen und auskühlen lassen.

Kuchenform säubern, wieder einfetten und den Boden mit Backpapier auslegen. Vanille-Rührteig vorbereiten, in die Form geben und 30 Minuten auf mittlerer Schiene backen, bis an einem in die Mitte gesteckten Spießchen keine Krümel mehr hängen bleiben. Kuchen 10 Minuten in der Form abkühlen lassen, dann auf einen Gitterrost stürzen. Kuchen wieder umdrehen und auskühlen lassen.

Mit einem langen Sägemesser die Oberseite des Schokoladenkuchens begradigen, falls nötig. Kuchen waagerecht halbieren. Eine Schicht auf eine Servierplatte legen und mit 4–5 Esslöffeln Schokoladencreme bestreichen. Vanillekuchen darauflegen, mit 4–5 Esslöffeln Buttercreme bestreichen und die zweite Hälfte des Schokoladenkuchens darauflegen. Schokoladencreme mithilfe eines Palettenmessers gleichmäßig auf Oberseite und einer Längsseite (Buchrücken) verteilen.

Restliche Buttercreme in den Spritzbeutel mit Sterntülle füllen und auf die übrigen 3 Ränder des Kuchens „Buchseiten" spritzen, dabei oben und unten einen schmalen Rand frei lassen. Falls Sie keinen Spritzbeutel haben, die Buttercreme mit einem Palettenmesser verteilen und die Buchseiten mit den Zinken einer Gabel hineinziehen.

Den zweiten Spritzbeutel mit der restlichen Schokoladencreme füllen und diese auf die frei gelassenen Ränder spritzen.

Mit schwarzer Zuckerschrift Spinnen und Spinnennetze auf den Buchdeckel zeichnen. Konturen eines Hexenhuts zeichnen und diesen mit silberner Zuckerschrift, Silberkugeln und orangefarbenen Streuseln verzieren.

Buch mit orangefarbenem Glitzer bestreuen und Halloween-Streudekoration rings um das Buch auf der Servierplatte verteilen.

Die Cupcakes und Schokowaffeln für diese Hüte können im Voraus hergestellt und am Festtag zusammengesetzt werden. Für die Füllung eignen sich am besten Weingummis in „gruseligen" Formen.

Zaubererhüte

1 Portion Schokoladen-Rührkuchen (groß, S. 11)
300 g Zartbitterschokolade, grob gehackt
18–20 Eiswaffeln
essbare Silberkugeln
1 Portion Schokoladencreme (S. 15)
gemischte Streudekoration
gemischte Weingummis

2 Muffinbleche mit 12 Vertiefungen, ausgelegt mit 18–20 Förmchen aus Silber- oder Goldfolie
Spritzbeutel

ERGIBT 18–20 STÜCK

Ofen auf 180 °C (Gas: Stufe 3) vorheizen.

Teig für den Schokoladen-Rührkuchen vorbereiten und auf die Förmchen verteilen. Auf mittlerer Schiene 20–25 Minuten backen, bis an einem in die Mitte der Cupcakes gesteckten Spießchen keine Teigreste mehr hängen bleiben. Cupcakes 10 Minuten in den Blechen abkühlen lassen, dann auf Gitterroste legen und gut auskühlen lassen.

Zartbitterschokolade in einer ofenfesten Schüssel über einem Topf mit fast siedendem Wasser unter Rühren schmelzen (der Schüsselboden darf das Wasser nicht berühren). Die geschmolzene Schokolade vom Herd nehmen.

Eiswaffeln über die Schüssel mit der Schokolade halten und die flüssige Schokolade mit einem Löffel gleichmäßig darauf verteilen. Überschuss abtropfen lassen. Mit Silberkugeln bestreuen, die Hüte aufrecht auf ein Tablett stellen und Glasur erstarren lassen.

Schokoladencreme in einen Spritzbeutel füllen, auf jeden Cupcake eine Spirale spritzen und die Oberseite mit Streudekoration verzieren. Schokowaffeln mit Weingummis füllen und auf die Cupcakes setzen.

Das beste Ergebnis erzielen Sie, wenn Sie die Kuchen am Vortag backen. Sie können dann am Festtag glasiert und etwa eine Stunde vor dem Servieren zusammengesetzt werden. Füllen Sie die Schatzkiste mit Süßigkeiten Ihrer Wahl.

Piraten-Schatzkiste

1 Vanille- oder Schokoladen-Rührkuchen (extragroß, S. 11)
1 Portion Vanille- oder Schokoladen-Rührkuchen (klein, S. 11)
1 Portion Schokoladencreme (S. 15)
Schokolinsen
rote Weingummistreifen
Schokoladenmünzen in Gold- und Silberfolie
gemischte Süßigkeiten

Kastenform (24 x 12 cm), gefettet, Boden mit Backpapier ausgelegt
1 Stück kräftige Pappe, etwas kleiner als der Boden der Kastenform
Alufolie
Cocktailstäbchen

FÜR 10–12 PERSONEN

Ofen auf 180 °C (Gas: Stufe 3) vorheizen.

Rührteig (extragroß) herstellen und in die Kastenform geben. Kuchen auf mittlerer Schiene etwa 1 Stunde backen, bis an einem in die Mitte gesteckten Spießchen keine Teigreste mehr hängen bleiben. Ofen eingeschaltet lassen. Kuchen 10 Minuten in der Form abkühlen lassen, dann auf einen Gitterrost stürzen. Kuchen wieder umdrehen und auskühlen lassen.

Kuchenform säubern, wieder einfetten und den Boden mit Backpapier auslegen. Rührteig (klein) herstellen (für den Deckel der Schatzkiste) und 20–25 Minuten auf mittlerer Schiene backen, bis an einem in die Mitte gesteckten Spießchen kein Teig mehr hängen bleibt. 10 Minuten in der Form abkühlen lassen, dann auf einen Gitterrost stürzen. Kuchen umdrehen und auskühlen lassen.

Zum Zusammensetzen den größeren Kuchen auf eine große Platte oder ein Brett legen. Falls nötig, Oberseite mit einem langen Sägemesser begradigen. 2/3 der Schokoladencreme mithilfe eines Palettenmessers auf dem Kuchen verteilen, dabei mit dem Messer Linien durch die Creme ziehen, sodass eine holzartige Struktur entsteht.

Pappe in Aluminiumfolie wickeln. Etwas Schokoladencreme auf einer Seite verstreichen und den Kuchen-„Deckel" daraufkleben. Mit der restlichen Schokoladencreme überziehen. Die Schatzkiste mit Schokolinsen und Weingummistreifen verzieren.

Deckel schräg auf die Schatzkiste setzen und mit Cocktailstäbchen befestigen. Kiste vorsichtig mit Schokoladenmünzen und Süßigkeiten füllen. Die Füllung dient gleichzeitig als zusätzliche Stütze für den Deckel.

Nicht nur kleine Mädchen werden von diesem Kuchen in wunderbaren Rosatönen begeistert sein! Sie können auch eine Spielzeugfigur auf den Kuchen setzen.

Feenkuchen

Puderzucker zum Ausrollen
150–200 g Fondantglasur
rosa Lebensmittelfarbe
lila Lebensmittelfarbe
gelbe Lebensmittelfarbe
schwarze Zuckerschrift
rosa Glitzerschrift
1 Portion Vanille-Rührkuchen (mittel, S. 11)
1 Portion Vanille-Rührkuchen (groß, S. 11)
1½ Portionen Buttercreme (S. 14)
6 EL Himbeerkonfitüre
essbare Zuckerkugeln in Silber und Weiß
gemischte Zuckerstreusel
1 großes, weißes Schokoladenplättchen

2 runde Springformen (Durchmesser 20 und 23 cm), gefettet, Boden mit Backpapier ausgelegt
Cocktailstäbchen
3 Spritzbeutel mit Sterntülle

ERGIBT 16 STÜCK

Für die Fee eine saubere Arbeitsfläche leicht mit Puderzucker bestäuben und die Fondantglasur weich kneten. Fondant für Rumpf, Kopf, Arme, Beine, Flügel, Haare und Zauberstab aufteilen. Rumpf mit Lebensmittelfarbe rosa einfärben (S. 17). Eine kleine Menge lila einfärben, zu Streifen rollen und am Körper festdrücken. Je 2 Arme und Beine und 1 Stab für den Zauberstab ausrollen, für den Kopf 1 Kugel rollen.

Etwas Fondant gelb einfärben und halbieren. Aus der einen Hälfte 1 Stern für den Zauberstab formen und auf den weißen Stab drücken. Die zweite Hälfte für die Haare in winzige Streifen schneiden. Kopfoberseite mit etwas kaltem Wasser leicht betupfen und Haare befestigen. Gesicht mit schwarzer und rosa Zuckerschrift aufzeichnen und Kleid und Flügel verzieren. Teile auf Pergamentpapier einige Stunden trocknen lassen.

Für den Kuchen den Ofen auf 180 °C (Gas: Stufe 3) vorheizen.

Teig für den Vanille-Rührkuchen getrennt herstellen, die mittlere Menge in die kleinere und die große Menge in die größere Form geben. Den kleineren Kuchen 30–35 Minuten, den größeren 40 Minuten auf mittlerer Schiene backen, bis an einem in die Mitte gesteckten Spießchen keine Teigreste mehr hängen bleiben. Kuchen 10 Minuten in den Formen abkühlen lassen, dann auf Gitterroste stürzen.

Inzwischen die Fee mithilfe von Cocktailstäbchen zusammensetzen. Stäbe vor dem Verzehr unbedingt wieder entfernen!

Buttercreme auf 3 Schüsseln verteilen. Einen Teil rosa, einen lila einfärben und den dritten ungefärbt lassen. Jeden Spritzbeutel mit einer anderen Farbe füllen.

Mit einem langen Sägemesser die Oberseite der Kuchen begradigen, falls nötig. Jeden Kuchen waagerecht halbieren und mit einigen Esslöffeln Himbeerkonfitüre wieder zusammenkleben. Den größeren Kuchen auf eine Platte setzen und mit der restlichen Konfitüre bestreichen, dann den kleineren Kuchen darauflegen. Jeden Kuchen mit Buttercremerosetten in verschiedenen Farben bedecken. Mit Zuckerkugeln und -streuseln bestreuen und das weiße Schokoplättchen daraufsetzen.

Fee direkt vor dem Servieren auf dem großen Schokoladenplättchen platzieren.

Aus dem übrigen Teig können weitere Plätzchen gebacken werden, die einfach zum Kuchen serviert werden. So erhält jedes Kind sein eigenes Krönchen!

Prinzessinnenkrone

1 Portion Vanille-Rührkuchen (extragroß, S. 11)
1 Portion Lebkuchen- (S. 12) oder Butterkeksteig (S. 13), zu Krönchen gebacken
1 Portion Zuckerguss (S. 15)
verschiedene Zuckerschriften
essbare Silberkugeln
1 Portion Buttercreme (S. 14)
essbarer roter Glitzer
1 bunt bestreutes, weißes Schokoladenplättchen

2 runde Springformen (Durchmesser 20 cm), gefettet, Boden mit Backpapier ausgelegt
Band (nach Belieben)

FÜR 10–12 PERSONEN

Ofen auf 180 °C (Gas: Stufe 3) vorheizen.

Teig für den Vanille-Rührkuchen vorbereiten und auf die Springformen verteilen. Kuchen auf mittlerer Schiene 35–40 Minuten backen, bis an einem in die Mitte gesteckten Spießchen keine Teigreste mehr hängen bleiben. Kuchen 10 Minuten in den Formen abkühlen lassen, dann auf Gitterroste stürzen.

Inzwischen die Krönchen vorsichtig mit Zuckerguss überziehen, mit einem Löffelrücken glatt streichen. Mindestens 2 Stunden trocknen lassen. Mit Zuckerschrift bunte Tupfen auf die Krönchen setzen, Konturen ziehen und Silberkugeln auf den Zuckerguss kleben. Noch 1 Stunde trocknen lassen.

Krone zusammensetzen: dafür die Oberseite eines Kuchens mit einem langen Sägemesser begradigen. Kuchen auf eine Servierplatte legen und 3 gehäufte Esslöffel Buttercreme darauf verteilen. Zweiten Kuchen mit der gewölbten Seite nach oben darauflegen.

Oberseite und Seiten des Kuchens mithilfe eines Palettenmessers gleichmäßig mit der restlichen Buttercreme überziehen.

Kuchen mit dem roten Glitzer bestreuen. Das weiße Schokoladenplättchen in die Mitte der Krone setzen. Nach Belieben ein Band um den unteren Rand der Prinzessinnenkrone binden, dann vorsichtig die glasierten Krönchen am Rand des Kuchens festdrücken.

Für das Schloss brauchen Sie drei Kuchen in quadratischer Form. Zwei Schichten bilden die Basis des Schlosses, und aus der dritten werden die Türme hergestellt. Überziehen Sie das Schloss entweder mit Eiweißglasur (S. 15) oder mit Buttercreme (S. 14). Mit weißer Glasur wird daraus ein Märchenschloss, mit Schokoladencreme (S. 15) hingegen eine Burg. Dann nehmen Sie für die Zugbrücke Schokoriegel und Zartbitterschokolade zum Überziehen der Waffeln.

Märchenschloss

3 Portionen Vanille-Rührkuchen (groß, S. 11)
6–8 EL Himbeerkonfitüre
1½ Portionen Eiweißglasur (S. 15) oder Buttercreme (S. 14)
essbare Zuckerkugeln in Silber und Rosa
Weingummirauten
rosa und weiße Mini-Marshmallows
rote Weingummistreifen
150 g weiße Schokolade, grob gehackt
5 Eiswaffeln
gemischte Zuckerstreusel

quadratische Backform (Kantenlänge 20 cm), gefettet und Boden mit Backpapier ausgelegt

FÜR 20 PERSONEN

Ofen auf 180 °C (Gas: Stufe 3) vorheizen.

Eine Portion Teig für den Vanille-Rührkuchen vorbereiten und in die Backform geben. Kuchen auf mittlerer Schiene 35 Minuten backen, bis an einem in die Mitte gesteckten Spießchen keine Teigreste mehr hängen bleiben. Ofen eingeschaltet lassen. 10 Minuten in der Form abkühlen lassen, dann auf einen Gitterrost stürzen. Kuchen auskühlen lassen. Backform säubern, wieder einfetten und Boden mit Backpapier auslegen. Mit dem restlichen Teig noch 2 Kuchen backen.

Mit einem langen Sägemesser die Oberseiten der Kuchen begradigen, falls nötig. Einen Kuchen auf eine große Servierplatte legen, mit 2 Esslöffeln Konfitüre bestreichen und den zweiten Kuchen darauflegen.

Nach der Vorlage auf Seite 21 aus dem dritten Kuchen 2 Scheiben mit einem Durchmesser von 8 cm ausschneiden (z. B. mit einem umgedrehten Glas) und 4 Quadrate mit einer Kantenlänge von 5 cm. Auf jede Ecke des Schlosses 1 Quadrat legen und mit einem Klecks Konfitüre befestigen. Scheiben mit etwas Konfitüre zusammenkleben und auf die Mitte des Schlosses legen.

Schloss mithilfe eines Palettenmessers zügig mit Eiweißglasur oder Buttercreme überziehen. Mit Silberkugeln, Weingummirauten und Marshmallows verzieren. Weingummistreifen zuschneiden und als Tür einsetzen.

Weiße Schokolade in einer ofenfesten Schüssel über einem Topf mit fast siedendem Wasser unter Rühren schmelzen (dabei darf der Schüsselboden das Wasser nicht berühren). Geschmolzene Schokolade vom Herd nehmen. Eiswaffeln nacheinander über die Schüssel mit der Schokolade halten und die flüssige Schokolade mit einem Löffel gleichmäßig darauf verteilen. Überschuss wieder in die Schüssel tropfen lassen. Waffeln mit Zuckerstreuseln bestreuen, die Waffeln aufrecht auf ein Tablett stellen und Glasur erstarren lassen. Eine Waffel an jede Ecke des Schlosses sowie eine in die Mitte setzen.

Glasieren Sie die Teile für den Pilz im Voraus, setzen Sie ihn aber erst direkt vor dem Servieren zusammen.

Fliegenpilz

1 Portion Vanille-Rührkuchen (extragroß, S. 11)
1 Portion Buttercreme (S. 14)
rote Lebensmittelfarbe
bunt bestreute weiße Schokolinsen
rote saure Streifen
rote Zuckerschrift
gemischte Weingummis und Süßigkeiten

2 Puddingformen oder ofenfeste Glasschüsseln (1,3 l und 1 l), gefettet und bemehlt
dünne, aluminiumbeschichtete Kuchenpappe (Durchmesser 15 cm)

FÜR 12 PERSONEN

Ofen auf 180 °C (Gas: Stufe 3) vorheizen.

Teig für den Vanille-Rührkuchen herstellen und Formen damit bis zu 2/3 füllen. Kuchen direkt unter der mittleren Schiene etwa 45 Minuten backen, bis an einem in die Mitte gesteckten Spießchen keine Teigreste mehr hängen bleiben. 10 Minuten in den Formen abkühlen lassen, dann auf Gitterroste stürzen und auskühlen lassen.

Mit einem langen Sägemesser die Unterseiten der Kuchen begradigen, falls nötig.

Buttercreme auf 2 Schüsseln verteilen. Eine Portion mit Lebensmittelfarbe rot färben (S. 17), die andere ungefärbt lassen.

Den kleineren Kuchen mit der flachen Seite nach unten auf eine Servierplatte legen und oben flach abschneiden. Den gesamten Kuchen mithilfe eines Palettenmessers gleichmäßig mit der ungefärbten Buttercreme überziehen. Dies wird der Pilzstiel.

Den größeren Kuchen auf die Kuchenpappe legen und mithilfe eines Palettenmessers gleichmäßig mit roter Buttercreme überziehen. Bunt bestreute weiße Schokolinsen auf dem Pilzhut verteilen.

Rote saure Streifen zuschneiden, als Tür am Pilzstiel befestigen und die Ränder mit roter Zuckerschrift verzieren. Auf dieselbe Weise Fenster anfertigen.

Direkt vor dem Servieren den Pilzhut vorsichtig auf den Stiel setzen und Kuchenplatte mit Weingummis und Süßigkeiten dekorieren.

Dieser Kuchen sieht kompliziert aus, erfordert aber nur etwas Geduld. Damit die Glasur fest wird, setzen Sie ihn am Vorabend zusammen. Trocken aufbewahrt hält er sich drei bis vier Tage.

Pfefferkuchenhaus

700 g Mehl
1½ TL Natron
1 Prise Salz
4 TL gemahlener Ingwer
3 TL Zimt
275 g Butter
150 g Zucker
125 g brauner Zucker
225 g Zuckerrübensirup
4 Eigelb
2 Portionen Zuckerguss (S. 15)
bunt bestreute Schokolinsen
ein Stück Borkenschokolade
verschiedene Weingummis und Zuckerstreusel

SCHABLONEN
Dach: je 23 x 15 cm
Längswände: je 20 x 15 cm
Giebelseiten: 2 Quadrate (Kantenlänge 15 cm), darauf je 1 gleichschenkliges Dreieck (Kantenlänge 15 cm, Höhe 10 cm)

Spritzbeutel mit Sterntülle
Backbleche

FÜR 10–12 PERSONEN

Mehl, Natron, Salz, Ingwer und Zimt in eine große Schüssel sieben. Butter, beide Zucker und Zuckerrübensirup in einem Topf bei schwacher Hitze erwärmen. Gelegentlich umrühren, bis der Zucker sich gelöst hat und die Butter geschmolzen ist. Topf vom Herd nehmen, flüssige Masse in eine Schüssel geben und 10–15 Minuten abkühlen lassen. Eine Mulde in die Mehlmischung drücken und die Masse hineingießen. Eigelb zufügen und alles zu einem festen Teig kneten. Teig halbieren, flach drücken, in Klarsichtfolie wickeln und 2 Stunden kühl stellen.

Ofen auf 180 °C (Gas: Stufe 3) vorheizen.

Eine Teigplatte in 3 Stücke teilen. Eines auf Backpapier legen und mit einer leicht bemehlten Teigrolle zu einem etwa 4 mm dicken Rechteck ausrollen. Papierschablonen (siehe links) zuschneiden. Dachschablone auf den Teig legen und ausschneiden. Backpapier beschriften, damit das Teil später zugeordnet werden kann. Lebkuchen mit Backpapier auf ein Blech legen und auf mittlerer Schiene 15 Minuten backen, bis er goldbraun ist und an den Rändern dunkel wird. Auf die gleiche Weise Längs- und Giebelseiten backen. Jedes Bauteil sollte doppelt vorhanden sein.

Sobald ein Teil aus dem Ofen kommt, die entsprechende Schablone darauflegen und die Ränder mit einem langen Messer sauber abschneiden. Fenster und Türen ausschneiden (Türstück aufheben). Lebkuchen auf den Backblechen abkühlen lassen.

Spritzbeutel mit Zuckerguss füllen. Restlichen Zuckerguss mit Klarsichtfolie abdecken. Auf eine Längswand am unteren Rand eine dünne Linie spritzen. Diese Wand auf einen Servierteller stellen und mit einem Glas auf jeder Seite abstützen. Zuckerguss am unteren Rand und den Seiten einer Giebelseite entlangspritzen und an das Vorderteil kleben. Mit den übrigen Wänden ebenso verfahren und diese mit weiteren Gläsern mindestens 30 Minuten abstützen, bis der Guss fest ist.

Dünne Zuckergusslinien quer über beide Dachplatten spritzen und Schokoladenlinsen darauf festdrücken, bis das Dach gedeckt ist. Mindestens 15 Minuten erstarren lassen. Zum Befestigen des Daches Zuckerguss auf die oberen Hauskanten spritzen und das Dach aufsetzen. Einige Minuten zusammendrücken. Zur Befestigung eine weitere Zuckergusslinie am Dachfirst entlang und unter die Traufe spritzen. Zuckerguss entlang den Dachrändern spritzen und zu kleinen Eiszapfen tropfen lassen. Mit dem restlichen Zuckerguss Türen und Fenster verzieren. Tür leicht offen stehend befestigen. Borkenschokolade als Schornstein am Dach festkleben und das ganze Pfefferkuchenhaus mit Weingummis und Zuckerstreuseln dekorieren.

Dieser Kuchen besteht aus drei Schichten. Sie können ihn aber auch nur mit zwei Schichten anfertigen, dafür bereiten Sie eine extragroße Portion Vanille-Rührteig zu und verteilen sie auf zwei eckige Formen derselben Größe. In diesem Fall verlängert sich die Backzeit etwas. Der Kuchen hält sich luftdicht verpackt an einem kühlen Ort bis zu zwei Tage.

Süßes Päckchen

3 Portionen Vanille-Rührkuchen (mittel, S. 11)
4 gehäufte EL Himbeer- oder Aprikosenkonfitüre
½ Portion Buttercreme (S. 14)
1 kg Fondantglasur
Puderzucker zum Ausrollen
rosa Lebensmittelfarbe
gelbe Lebensmittelfarbe
blaue Lebensmittelfarbe

quadratische Backform (Kantenlänge 20 cm), gefettet und Boden mit Backpapier ausgelegt

ERGIBT 16 STÜCK

Ofen auf 180 °C (Gas: Stufe 3) vorheizen.

Eine Portion Teig für den Vanille-Rührkuchen herstellen und in die Backform geben. Kuchen auf mittlerer Schiene 30–35 Minuten backen, bis an einem in die Mitte gesteckten Spießchen keine Teigreste mehr hängen bleiben. Ofen eingeschaltet lassen. 10 Minuten in der Form abkühlen lassen, dann auf einen Gitterrost stürzen. Kuchen wieder umdrehen und auskühlen lassen. Kuchenform säubern, wieder einfetten und den Boden mit Backpapier auslegen. Mit den restlichen Teigportionen noch 2 Schichten backen.

Mit einem langen Sägemesser die Oberseiten der Kuchen begradigen, falls nötig. Einen Kuchen auf eine Servierplatte legen, mit 2 Esslöffeln Konfitüre bestreichen und den zweiten Kuchen darauflegen. Diesen mit der restlichen Konfitüre bestreichen und die letzte Kuchenschicht darauflegen. Falls nötig, die Seiten des Kuchens gerade schneiden.

Oberseite und Seiten des Kuchens mithilfe eines Palettenmessers gleichmäßig mit Buttercreme überziehen. Kuchen 30 bis 60 Minuten in den Kühlschrank stellen.

Ein Drittel der Fondantglasur abteilen, mit Klarsichtfolie abdecken und beiseite stellen. Eine saubere Arbeitsfläche leicht mit Puderzucker bestäuben und die restliche Glasur zu einem Quadrat von etwa 45 cm Seitenlänge ausrollen. Glasur vorsichtig über eine Teigrolle legen und damit auf den Kuchen heben. Die Glasur mit den Händen an Oberseite und Seiten des Kuchens glatt streichen. Überstände mit einem kleinen Messer an der Unterkante abschneiden.

Beiseite gestellte Fondantglasur und abgeschnittene Reste in 3 Teile schneiden und jeden mit einer anderen Lebensmittelfarbe einfärben (S. 17). Arbeitsfläche erneut mit Puderzucker bestäuben und die gefärbte Fondantglasur ausrollen. Glasur in Streifen von 1–4 cm Breite schneiden und entweder mit etwas Wasser oder mit übrig gebliebener Buttercreme als Bänder und Schleifen auf den Kuchen kleben. Diesen vor dem Servieren mindestens 3 Stunden trocknen lassen.

Kuchen, Blumen und Lebkuchenmännchen können im Voraus hergestellt werden. Wenn Sie möchten, können Sie den Kuchen auch mit Buttercreme (S. 14) statt mit Eiweißglasur (S. 15) überziehen.

Maibaum

1 Portion Vanille-Rührkuchen (groß, S. 11)
1 Portion Zuckerguss (S. 15)
1 Portion Lebkuchenteig (S. 12), zu verschieden großen Figuren gebacken
200 g Royal Icing
4 verschiedene Lebensmittelfarben
3 EL Himbeerkonfitüre
1 Portion Eiweißglasur (S. 15)
1 Zuckerstange
1 Marshmallow
1 Mini-Marshmallow

2 runde Springformen (Durchmesser 20 cm), gefettet, Boden mit Backpapier ausgelegt
Spritzbeutel mit feiner Schreibtülle
Plätzchenausstecher in verschiedenen Formen
Backbleche, mit Backpapier ausgelegt
verschiedene Bänder

FÜR 10 PERSONEN

Ofen auf 180 °C (Gas: Stufe 3) vorheizen.

Teig für den Vanille-Rührkuchen herstellen und auf die Backformen verteilen. Kuchen auf mittlerer Schiene 30 Minuten backen, bis an einem in die Mitte gesteckten Spießchen keine Teigreste mehr hängen bleiben. Kuchen 10 Minuten in den Formen abkühlen lassen, dann auf Gitterroste stürzen.

Inzwischen den Spritzbeutel mit Zuckerguss füllen und die Lebkuchenfiguren damit verzieren. Mindestens 2 Stunden trocknen lassen. Zuckergussreste beiseite stellen.

Royal Icing vierteln und jeden Teil mit einer anderen Lebensmittelfarbe tönen (S. 17). Eine saubere Arbeitsfläche mit Puderzucker bestäuben und die gefärbten Glasuren höchstens 2 mm dick ausrollen. Verschiedene Formen ausstechen. Die Lebkuchen in einer Lage auf den Blechen verteilen und über Nacht trocknen lassen.

Zum Zusammensetzen die Oberseiten der Kuchen mit einem langen Sägemesser auf die gleiche Höhe schneiden, falls nötig. Einen Kuchen auf eine Servierplatte legen, mit der Konfitüre bestreichen und den zweiten Kuchen darauflegen.

Kuchen mithilfe eines Palettenmessers zügig und gleichmäßig mit Eiweißglasur überziehen. Bunt glasierte Royal-Icing-Formen an die Seiten des Kuchens drücken.

Restlichen Zuckerguss mit übrig gebliebener Lebensmittelfarbe einfärben und bunte Perlen rings um die Royal-Icing-Formen spritzen.

Bänder mit Klebeband an einem Ende der Zuckerstange befestigen. Erst den großen, dann den Mini-Marshmallow auf das Ende der Stange stecken und das andere Ende in die Mitte des Kuchens drücken. Lebkuchenfiguren am Kuchenrand vorsichtig aufrecht in die Glasur stecken. Kuchen sofort servieren.

Gartenparty

JOE 2

Stellen Sie die Gänseblümchen mindestens einen Tag vor dem Fest her, damit sie trocknen können. Sie halten sich bis zu einer Woche in einem luftdichten Behältnis.

Blumenwiese

500 g Fondantglasur
gelbe Lebensmittelfarbe
Puderzucker zum Ausrollen
1 Portion Vanille-Rührkuchen (groß, S. 11)
1 Portion Buttercreme (S. 14)
grüne Lebensmittelfarbe

blumenförmiger Plätzchenausstecher
Backbleche, mit Backpapier ausgelegt
Cocktailstäbchen
runde Springform (Durchmesser 23 cm), gefettet, Boden mit Backpapier ausgelegt
Spritzbeutel mit Sterntülle

FÜR 10–12 PERSONEN

50 g Fondant abteilen, beiseite stellen und bis zum Gebrauch mit Klarsichtfolie abdecken. Eine saubere Arbeitsfläche mit Puderzucker bestäuben und die restliche Zuckerglasur höchstens 2 mm dick ausrollen. Mit dem Plätzchenausstecher Blumen ausstechen. Sie brauchen 30–40 Blumen, Reste können wieder verknetet und ausgerollt werden. Blumen in einer Lage auf den Backblechen auslegen. Einige Blumen leicht gebogen zum Trocknen gegen einen Löffel oder Ähnliches lehnen.

Restliche Zuckerglasur mit der gelben Lebensmittelfarbe einfärben (S. 17) und für die Blumenstempel zu kleinen Kugeln rollen. Jede Kugel leicht flach drücken und die Oberseite mit einem Cocktailstäbchen einstechen. Jede Blume in der Mitte mit etwas kaltem Wasser leicht anfeuchten und den gelben Stempel daraufkleben. Fertige Blumen 24 Stunden trocknen lassen.

Für den Kuchen den Ofen auf 180 °C (Gas: Stufe 3) vorheizen.

Teig für den Vanille-Rührkuchen vorbereiten und in die Backform geben. Auf mittlerer Schiene 35 Minuten backen, bis an einem in die Mitte gesteckten Spießchen keine Teigreste mehr hängen bleiben. Kuchen 10 Minuten in der Form abkühlen lassen, auf einen Gitterrost stürzen und auskühlen lassen.

Mit einem langen Sägemesser den Kuchen waagerecht halbieren. Untere Schicht auf eine Servierplatte legen und mit 3–4 Esslöffeln Buttercreme bestreichen. Zweite Schicht darauflegen. Restliche Buttercreme leuchtend grün einfärben und in den Spritzbeutel füllen. Kuchenoberseite mit Buttercremerosetten bedecken und an den Seiten ringsum senkrechte Linien als Grashalme spritzen. Blumen vorsichtig auf der Oberseite andrücken.

Diesen Kuchen werden vor allem kleine Kinder lieben. Er ist leicht am Vortag herzustellen – und auch die Dekoration ist schnell gemacht.

Bunte Raupe

1 Portion Vanille-Rührkuchen (extragroß, S. 11)
1 Portion Vanille-Rührkuchen (klein, S. 11)
1 Portion Buttercreme (S. 14)
gelbe Lebensmittelfarbe
rote Lebensmittelfarbe
grüne Lebensmittelfarbe
lila Lebensmittelfarbe
blaue Lebensmittelfarbe
schwarze Lakritzstreifen
16 dunkle Jelly Beans (Zuckerdragees)
2 Schokolinsen
verschiedene Zuckerschriften

4 ofenfeste Glasschüsseln (1 l, 650 ml und 2 x 350 ml), gefettet und bemehlt
Muffinblech mit 6 Vertiefungen, mit Papierförmchen ausgelegt
2 grüne Pfeifenreiniger

FÜR 10–12 PERSONEN

Ofen auf 180 °C (Gas: Stufe 3) vorheizen.

Teig für den Vanille-Rührkuchen getrennt herstellen, die extragroße Menge auf die vorbereiteten Schüsseln und die kleine auf die Papierförmchen verteilen. Kuchen in den größeren Schüsseln 45–55 Minuten, in den kleineren Schüsseln 30–35 Minuten und die Muffins 20–25 Minuten direkt unter der mittleren Schiene backen, bis an einem in die Mitte gesteckten Spießchen keine Teigreste mehr hängen bleiben. 10 Minuten in den Schüsseln bzw. im Blech abkühlen lassen, auf Gitterroste geben und auskühlen lassen.

Mit einem langen Sägemesser die Unterseiten der Kuchen begradigen, falls nötig.

Buttercreme auf 5 Schälchen verteilen und mit den Lebensmittelfarben unterschiedlich einfärben (S. 17). Beachten Sie dabei, dass die Menge der benötigten Buttercreme je nach Kuchengröße variiert.

Jeden Kuchen mithilfe eines Palettenmessers gleichmäßig mit Buttercreme in den verschiedenen Farben überziehen.

Papierförmchen von einem Muffin abziehen (restliche Muffins einfrieren). Muffin mit Buttercreme überziehen. Alle Kuchen auf einem Servierbrett oder -teller in absteigender Größe als gewundene Raupe anrichten.

Lakritzstreifen in 17 Stücke à 5 cm schneiden und paarweise als Beine an die Kuchenseiten legen. Den letzten Lakritzstreifen als Mund vorn auf den größten Kuchen drücken. Jelly Beans als Füße an die Enden der Beine legen. Schokolinsen über dem Mund als Augen andrücken und Pfeifenreiniger vorsichtig als Fühler in den Kuchen stecken.

Mit der Zuckerschrift den Namen des Geburtstagskinds auf eine Seite der Raupe schreiben und mit andersfarbiger Zuckerschrift nach Belieben verzieren.

Bunte Pfeifenreiniger bekommen Sie in jedem Bastelgeschäft. Sie eignen sich als Fühler für viele Tierchen. Wenn Sie nicht extra Muffins backen wollen, können Sie als Kopf auch einen gekauften Kuchen nehmen.

Marienkäfer

1 große Portion Vanille-Rührkuchen (S. 11)
1 kleine Portion Vanille-Rührkuchen (S. 11)
1 Portion Buttercreme (S. 14)
rote Lebensmittelfarbe
schwarze Lebensmittelfarbe
1 langer Lakritzstreifen
große Schokoladenplättchen
2 gelbe Schokolinsen

ofenfeste Glasschüssel (2 l), gefettet und bemehlt
Muffinblech mit 6 Vertiefungen, mit Papierförmchen ausgelegt
2 rote Pfeifenreiniger

FÜR 8–10 PERSONEN

Ofen auf 180 °C (Gas: Stufe 3) vorheizen.

Teig für den Vanille-Rührkuchen getrennt vorbereiten, die große Menge in die Schüssel geben und die kleine auf die Papierförmchen verteilen. Den Kuchen 40–45 Minuten, die Muffins 20–25 Minuten direkt unter der mittleren Schiene backen, bis an einem in die Mitte gesteckten Spießchen keine Teigreste mehr hängen bleiben. Kuchen 10 Minuten in der Schüssel bzw. im Blech abkühlen lassen, auf Gitterroste stürzen und auskühlen lassen.

Mit einem langen Sägemesser die Unterseiten der Kuchen gerade schneiden, falls nötig.

3/4 der Buttercreme in eine Schüssel geben und mit der roten Lebensmittelfarbe in einem kräftigen Ton einfärben (S. 17).

Restliche Buttercreme schwarz einfärben.

Kuchen mit der flachen Seite nach unten auf eine Servierplatte legen und mithilfe eines Palettenmessers gleichmäßig mit der roten Buttercreme überziehen. Lakritzstreifen längs über den Körper legen und die Schokoladenplättchen zu beiden Seiten verteilen.

Papierförmchen von einem Muffin abziehen (Rest einfrieren). Eine Seite, falls nötig, begradigen. Muffin mit einem kleinen Palettenmesser gleichmäßig mit schwarzer Buttercreme überziehen und mit der flachen Seite vor den Körper des Käfers legen.

Gelbe Schokolinsen als Augen an den Kopf drücken und die Pfeifenreiniger oben als Fühler hineinstecken.

Weingummis in Insektenform oder Schokoladentierchen in Folie bekommen Sie in Süßigkeitenläden. Lassen Sie ringsum Blumen-Cupcakes (S. 122) blühen!

Bienenstock

2 Portionen Vanille-Rührkuchen (groß, S. 11)
1 Portion Buttercreme (S. 14)
gelbe Lebensmittelfarbe
schwarze Zuckerschrift
Schokoladenbienen in Folie

2 runde Springformen (Durchmesser 23 und 18 cm), gefettet, Boden mit Backpapier ausgelegt
Muffinblech mit 6 Vertiefungen, mit Papierförmchen ausgelegt

FÜR 12 PERSONEN

Ofen auf 180 °C (Gas: Stufe 3) vorheizen.

Teig für den Vanille-Rührkuchen getrennt herstellen, eine Portion in die größere Form geben und die andere auf die kleinere Form und die Papierförmchen verteilen. Kuchen in der größeren Form 40 Minuten, in der kleineren 25 Minuten und die Muffins etwa 20–25 Minuten auf mittlerer Schiene backen, bis an einem in die Mitte gesteckten Spießchen keine Teigreste mehr hängen bleiben. Kuchen 10 Minuten in den Formen abkühlen lassen, dann auf Gitterroste stürzen, wieder umdrehen und auskühlen lassen.

Buttercreme mit gelber Lebensmittelfarbe hellgelb einfärben (S. 17).

Die beiden Kuchen auf einer Servierplatte aufeinanderstapeln, dabei die Schichten mit etwas Buttercreme aufeinanderkleben.

Papierförmchen von einem Muffin abziehen (restliche Muffins einfrieren oder wie auf S. 122 dekorieren und zum Kuchen servieren). Muffin, falls nötig, begradigen, mit der flachen Seite nach unten auf den Kuchen setzen und mit etwas Buttercreme festkleben.

Kuchen mithilfe eines Palettenmessers gleichmäßig mit Buttercreme überziehen. Mit der schwarzen Zuckerschrift ein geometrisches Muster auf den Bienenstock zeichnen. Den Kuchen mit Schokoladenbienen dekorieren und sofort servieren.

Der ideale Kuchen für fleißige kleine Helfer, die großen Spaß daran haben, eigene Blumen zu dekorieren. Das Rezept ergibt mehr Cupcakes, als Sie für den Blumengarten brauchen, den Rest können Sie dazu servieren oder unglasiert einfrieren.

Blumengarten

1 Portion Vanille-Rührkuchen (extragroß S. 11)
1 Portion Vanille-Rührkuchen (klein, S. 11)
1 Portion Buttercreme (S. 14)
lila, rosa, gelbe und grüne Lebensmittelfarbe
1 Portion Zuckerguss (S. 15)
Weingummis, Streudekoration und Schoko-Käfer
grüne Zuckerschrift

1 rechteckige Backform (33 x 23 x 6 cm), gefettet, Boden mit Backpapier ausgelegt
Mini-Muffin- oder Florentinerform mit 12 Vertiefungen, mit Papierförmchen belegt
mehrere Spritzbeutel mit verschiedenen Tüllen

FÜR 12–14 PERSONEN

Ofen auf 180 °C (Gas: Stufe 3) vorheizen.

Teig für den Vanille-Rührkuchen getrennt vorbereiten, die extragroße Menge in die Backform geben und die kleine auf die Papierförmchen verteilen. Den Kuchen etwa 45 Minuten und die Cupcakes 20–25 Minuten auf mittlerer Schiene backen, bis an einem in die Mitte gesteckten Spießchen kein Teig mehr hängen bleibt. Kuchen 10 Minuten in den Formen abkühlen lassen, auf Gitterroste stürzen, umdrehen und auskühlen lassen.

Mit einem langen Sägemesser die Oberseite des Kuchens begradigen, falls nötig. Kuchen auf eine Servierplatte legen und mithilfe eines Palettenmessers gleichmäßig mit zwei Dritteln der Buttercreme überziehen.

Die Hälfte der restlichen Buttercreme mit den Lebensmittelfarben in den gewünschten Tönen einfärben (S. 17) und die Oberseiten der Cupcakes damit überziehen (Sie brauchen nicht alle Cupcakes, die übrigen lassen sich gut einfrieren). Buttercreme in Spritzbeutel mit Sterntülle füllen und Blumenmuster auf die Cupcakes spritzen.

Zuckerguss auf 4 kleine Schälchen verteilen und jede Portion in einem anderen Ton einfärben. Guss in verschiedene Spritzbeutel mit kleiner Lochtülle füllen und damit die Blumen verzieren. Süßigkeiten und Streudekoration auf den Cupcakes verteilen. Cupcakes auf die oberen zwei Drittel des Kuchens setzen und mit grüner Zuckerschrift Stängel aufmalen.

Restliche Buttercreme mit grüner Lebensmittelfarbe leuchtend grün färben und senkrechte Linien als Grashalme an den unteren Kuchenrand spritzen. Kuchen mit Schoko-Käfern und Weingummi dekorieren.

Die Schnittreste von diesem Kuchen können zum Naschen verteilt werden. Für die Muster auf den Flügeln können Sie Ihrer Fantasie freien Lauf lassen.

Schmetterling

2 Portionen Vanille-Rührkuchen (groß, S. 11)
1 Portion Buttercreme (S. 14)
braune Lebensmittelfarbe
rote Lebensmittelfarbe
schwarze Zuckerschrift
rote Zuckerschrift
2 kurze Lakritzstreifen
6 bunt bestreute Schokolinsen
verschiedene Süßigkeiten und Zuckerstreusel

1 rechteckige Backform (33 x 23 x 6 cm), gefettet, Boden mit Backpapier ausgelegt
Spritzbeutel mit Sterntülle

FÜR 12–14 PERSONEN

Ofen auf 180 °C (Gas: Stufe 3) vorheizen.

Eine Portion Rührteig vorbereiten und in die Backform geben. Kuchen auf mittlerer Schiene 30 Minuten backen, bis an einem in die Mitte gesteckten Spießchen keine Teigreste mehr hängen bleiben. Ofen eingeschaltet lassen. Kuchen 10 Minuten in der Form abkühlen lassen, dann auf einen Gitterrost stürzen, umdrehen und auskühlen lassen.

Form säubern, wieder einfetten und Boden mit Backpapier auslegen. Mit dem restlichen Teig noch einen zweiten Kuchen backen.

Mit einem langen Sägemesser die Oberseiten der Kuchen begradigen, falls nötig. Kuchen nebeneinander auf eine große Platte legen.

Eine Schmetterlingshälfte auf ein DIN-A4-Blatt zeichnen und als Schablone ausschneiden.

Schablone auf einen Kuchen legen und Form mit einem kleinen, scharfen Messer ausschneiden. Schablone wenden und Vorgang mit dem anderen Kuchen wiederholen.

Etwa 6 Esslöffel Buttercreme in einer kleinen Schale beiseite stellen. Restliche Buttercreme mit der braunen Lebensmittelfarbe einfärben (S. 17) und mithilfe eines Palettenmessers Oberseite und Seiten des Schmetterlings gleichmäßig damit überziehen. Restliche Buttercreme rot einfärben und in den Spritzbeutel füllen. Entlang der Außenränder der Schmetterlingsflügel Rosetten spritzen.

Mit der schwarzen Zuckerschrift Körperkonturen in die Mitte des Schmetterlings zeichnen und mit der roten Schrift Konturen auf die Flügel malen. Lakritzstreifen oben als Fühler hineinstecken und Flügel mit Süßigkeiten und Zuckerstreuseln verzieren.

Register

Danksagung der Autorin

Ein großes Dankeschön an Sandra Lane für ihre wunderbaren Bilder und für die Unterbringung der Kuchenberge am Ende jedes Fototages!

Ich danke außerdem Liz Belton für ihre tolle Auswahl an Platten, Geschirr und Partyzubehör.

Danke an Megan und Céline bei Ryland Peters & Small für ihre vielen Mühen.

Und ich danke meinem Hund Mungo, dass er mich bei jedem Wetter aus der Küche und über die Hügel zerrt.

Nicht zu vergessen meine Eltern, denen ich gar nicht genug danken kann für ihre Liebe, ihre Unterstützung und das Hundesitten.

Danksagung des Herausgebers

Der Herausgeber dankt den großartigen Fotomodellen: Aimee und Emma, Ava, Ashley, Bella, Bruno, Ella und Quincy, Elliott, Emma und Julian, Eva und Rosa sowie Tabitha und Darci.

Danke auch an Party Pieces für das Ausleihen der Requisiten. Siehe www.partypieces.co.uk, Telefon: +44 1635 201844.